● **일러두기**

1. 허구와 사실이 적절히 섞인 픽셔널 에세이 fictional essay 입니다.
2. 아무 챕터나 먼저 읽어도 무방한 옴니버스 형식입니다.
3. 카톡 내용은 대화체를 그대로 살려서 표기했습니다.
4. 각 챕터의 남자에게 가명을 지어주었습니다. 가명에 대한 풀이는
   각 챕터가 끝나는 부분에 적어두었습니다.

머무르지 않은 인연들이 남긴
유의미한 것들

이 달 의
남 자

이도나 지음

RHK
알에이치코리아

이름 。 아킬레스 권

나이 。 알 수 없음

직업 。 알 수 없음

처음 만난 곳 。 수영장

군더더기
in the pool

1월이다. 그리고 서른이 되었다. 매년 먹는 나이인데 앞자리가 바뀌고 나니 기분이 좀 묘하다. 1월 또한 매년 오는 1월인데 뭐가 그리 특별할 게 있나 싶다가도 새해가 되면 지난해를 한번 돌아보고 재정비하여 새 출발 해야 할 것만 같은 이상한 의무감에 휩싸이고는 한다. 그래서 해가 바뀌면 우리는 또 어김없이 그리 오래가지 못할 새로운 계획을 세워 조금은 다른 일 년을 지내보려 다짐한다. 그것이 누군가에게는 금주, 금연, 다이어트, 외국어 공부와 같은 일일 것이다. 서른의 나에게 그 일은 수영이었다.

수영을 택한 이유를 굳이 말하자면 해가 바뀔수록 급속도로 저하되는 체력의 한계를 느끼면서 운동의 필요성을 절실히 깨달았기 때문이다. 그 운동이 굳이 수영일 필요는 없었지만 어쩌다 보니 수영을 찬양하는 사람들이 주변에 많았고, 별다른 취미가 없는 내겐 남아도는 시간이 있었다. 연애라도 했다면 아마 나는 시간이 없어서 수영을 시작하지 않았을지도 모른다. 연말은 애인을 만들기 가장 쉬울 때라고 하던데, 작년 연말, 그러니까 스물아홉의 12월엔 아무 일도 일어나지 않았다. 그저 별 의미 없는 몇 개의 송년회에 참석했다가 술병으로 골골거렸던 기억밖엔 없다. 이제는 이놈의 하찮은 몸뚱이가 웬만한 알코올을 감당하지 못하는 것 같다. 그렇게 새해가 밝았다. 뭐라도 하지 않으면 뭐밖에 안 될 것 같아서 서른의 나에게 수영을 추천했다. 초등학생 때 자유영과 배영을 배운 이후로 많은 세월이 지났지만 내 몸이 기본은 기억하고 있지 않을까 싶어 일단 도전해 보기로 했다. 올해부터는 술독에 빠지는 대신 수영장에 빠져 보자고…….

코끝이 시리고 뼛속까지 찬바람이 스며들던 수영 강습 첫날, 어쩌자고 이 추운 날 나는 저 찬물에 몸을 담글 생각을 한 건지 후회가 밀려왔다. 집에서 전기장판 틀고 귤 따위나 처묵처묵하면서 밀린 미드나 몰아 보는 건데……. 항상 무언가를 다짐하고 계획을 세워 실천하려고 할 때면, 어김없이 나타나는 귀차니즘을 나는 이겨내야만 했다. 별수 있나? 수영장에 내 피 같은 돈을 퐁당 빠뜨릴 수 없으니 해야지, 하는 수밖에.

　내가 속해 있는 반은 평영을 배우는 중급반이었고 대부분이 20~30대 여성으로 구성되어 있었다. 그리고 우리 어머니 대 나이의 아주머니들도 몇몇 보였다. 새로 시작한 취미 생활의 현장마저 여초 집단인 것을 확인하고 나니 괜한 아쉬움이 밀려왔다. 다수의 동성 집단 안에 (한 명이라도) 소수의 이성이 끼어있을 때 알 수 없는 활력을 주는 현상을 뭐라 부르면 좋을까? 아, 물론 그 이성의 외모와 성격이 훈훈할 때만 해당되는 경우이긴 하지만……. 다른 레인에는 더러 남자들도 보였지만 대개 50대 전후의 중년 남성이었으니 고려 대상이 될 수 없었다. 이번에는 그런 현상을 겪을 수 없는 건가 하는 생각이 잠시 뇌리를 스치다 고개를 절레절레 저으며 수업에 집중했다. '나쁜 자식아 여긴 운동을 하러 온 것이다' 하고 애써 다독이며 첫날은 그렇게 새해 다짐을 충실히 실천하는 것으로 하루를 마무리했다. 처음이라 많이 서툴렀지만 나름의 뿌듯함이 밀려왔다.

강습 두 번째 날. 정신을 어디에다 둔 것인지 15분 넘게 지각해 버리고 말았다. 퇴근 후 고단한 몸을 이끌고 수영장에 가는 일을 하루만 피해 볼까 싶어 밍기적대며 의지박약의 유혹과 싸우다 결국 부리나케 뛰어간 결과였다. 하마터면 새해 다짐이 작심삼일은커녕 작심일일로 끝날 뻔했다. 늦게 도착한 것이 민망하여 최대한 조용히 우리 반 레인에 몸을 담갔다. 그런데 익숙한 얼굴들 틈으로 처음 보는 수강생 한 명이 눈에 띄었다.

결석한 것인지 등록을 늦게 한 것인지 첫날엔 분명 보이지 않았던 남자 수강생이었다. 그는 20대 후반 아니면 30대 초반의 내 또래 같았고, 적당한 키와 적당한 체격과 적당한 근육과 모든 것이 적당해 보이는 청년이었다. 어떤 것이 적당하다는 것, 즉 '중도'라는 것이 얼마나 어려운 일인가. 그 쉽지 않은 일을 수월하게 해내고 있는 이 기특한 청년은 수많은 자매님들 속의 청일점으로 반짝반짝 빛나고 있었다. 순간 수영 강습을 하러 와서 고작 이성이나 체크하는 내 두 눈을 감지하고는 수경을 쓰고 있어 참으로 다행이라는 생각이 들었다. 수경 뒤에 숨어있는 눈에서 눈알 굴리는 소리가 들리는 것만 같았다. 혹여 누구에게 들킬세라 힐끔힐끔 곁눈질하는 내 눈을 어떻게든 붙잡고 싶었지만, 이상하게도 그에게 자꾸만 시선을 빼앗겼다. 분명 낯선 사람인데 왜 이리 익숙한 느낌이 들까 싶어 한참을 고민했다. 그러다 전에 사귀었던 옛 애인들 중 한 얼굴이 번뜩 떠올랐다. 어딘지 딱 집어 말할 수는 없지만 묘하게 닮았다.

뭐야…… 왜 닮은 거야? 신경 쓰이게…….

그 후로 한동안 강습 때마다 자꾸 그에게 눈길이 가는 것을 멈출 수 없었다. 안 그래도 우리 반 청일점이라 눈에 띄는 사람인데 구남친과의 접점까지 발견하고 나니 더욱더 그랬다. 게다가 그는 다른 수강생들보다 배움의 속도가 더뎌서 시시때때로 강사 선생님에게 붙잡혀 집중 케어를 받곤 했다.

"여러분, 여기 잠시만 주목할게요. 다리 뻗는 각도를 이렇게 하시면 안 되고 이렇게……"

그는 열등생의 교정 예시가 되어 모두의 주목을 받는 일이 잦았다. 일렬로 차례차례 레일을 가로질러 갈 때면 그는 유난히도 느리게 나아갔는데, 누구 하나 그를 앞질러 간다거나 짜증 내지 않고 천천히 그의 뒤를 따라가 주었다. 없는 실력에도 열심히 하는 그를 다들 응원하는 눈치였다. 어쩌면 자매님들 모두가 암묵적으로 이 '중도'의 청년에게 청일점 어드밴티지advantage를 준 것인지도 모르겠다. 가끔은 그런 그를 지켜보다가 멍 때리는 나를 발견하기도 했다.

"여러분! 일렬로 서주세요. 한 분씩 출발해 볼게요!"

그날도 그를 넋 놓고 관찰하다 정신을 차리고 보니 준비운동과 발차기 연습이 끝나고 한 사람씩 차례로 레일을 가로질러야 했다. 그런데 이게 웬걸? 뭔가 우르르 하는 모양새로 다들 그 남자 뒤에 서려는 신경전을 벌이는 게 아닌가. 준비운동과 발차기 연습 때에도 비슷한 느낌을 받았지만, 아니

오늘만이 아니라 전부터 비슷한 느낌을 받긴 했지만 그냥 기분 탓이겠거니 했는데……. 아니나 다를까 오늘만큼은 '수경 뒤에서 눈알을 굴리는 게 나만은 아니었구나' 하는 강한 확신이 들었다. 다들 이 지루한 수영 강습 속에 청일점 옆자리라도 획득하여 오늘 하루 소소하지만 확실한 행복을 누리려는 것이 아닌가. 자매님들이 이토록 집약적으로 하이에나 같아 보인 적이 있던가. 그렇다면 이번엔 나도 질 수야 없지.

타이밍이 중요하다. 그가 출발하기 직전에 그의 뒤에 서는 것. 손은 눈보다 빠르다. 나는 마치 밑장빼기라도 하듯, 감쪽같이 의식하지 않는 척 스무스하게 그의 뒤로 갈 것이다. 오늘만큼은 새치기의 타짜가 되어보는 거다. 오호, 성공이다! 절실함 때문인가, 운동신경은 쥐뿔도 없는 게 꼭 이럴 때는 놀랍도록 뛰어난 민첩성을 발휘하고 만다. 대신 같은 자리를 노리던 자매님들의 시선을 한몸에 받아서인지 뒤통수가 따갑다. 더 따갑기 전에 얼른 그의 뒤를 따라가야지. 어푸어푸.

승리의 기쁨도 잠시. 어라? 잠깐만. 열심히 헤엄쳐 가던 내 눈앞에 보이는 이것이 무엇인가? 나는 잠시 혼란이 왔다. 그것은 그의 발이었다. 갑자기 웬 발이냐고? 물장구치는 그의 발은 내 코앞에 있어서 안 볼래야 안 볼 수가 없긴 한데, 그래도 갑자기 웬 발이냐고? 혹시 사람 발에 페티시fetish 같은 게 있냐고? 차라리 그런 것이었으면 좋으련만. 그의 발뒤꿈치에 이상한 것이 있다. 뽀얗고 겹겹이 쌓인 그것은 너무도 두꺼운 나머지 마치 말발굽을 연상하게 했다. 아니 사람 발에 발굽이 웬 말이야? 아무도, 그 누구도 감히 예상치 못했던 그것은 바로 각질이었다! 살짝쿵 긁어내면 바로 우수수 쏟아져 이렇게나 큰 수영장의 수질도 급격히 떨어뜨릴 것만 같은 방대한 양의 각질 말이다. 조금 전까지 그의 바로 뒷자리를 꿰차려 아등바등했던 나의 노력이 순식간에 허무해지는 순간이었다. 청일점이라고 호들갑 떨던 작은 호감마저 짜게 식어버리고 말았다. 이럴 줄 알았으면 다른 자매님들에게 이 자리를 양보하는 거였는데. 쓸데없이 욕심을 부리다가 못 볼 것을 보았구나. 사람은 역시 순간의 사리사욕을 채우지 말고 남에게 양보하며 살아야 한다. 나 이렇게 또 인생을 배운다.

키도 적당하고 체구도 적당하고 근육도 적당하고 모든 것이 적당한 그대는 왜 적당한 수영장 매너는 갖추지 못했는

가. 물론 모든 남성이 자기 발뒤꿈치에 이토록 무심하지는 않을 것을 잘 안다. 어떤 상황이든 개인차는 있기 마련이니까. 그렇지만 뭇 여성들은 나의 마음을 조금은 이해하지 않을까 싶다. 우리가 바다나 수영장에 갈 때 얼마나 많은 신체적 준비를 하는가 말이다. 겨드랑이 제모는 기본이고, 혹자는 다리털도 신경 쓸 것이며, 심층적으로는 비키니 왁싱까지도 고려한다. 발이 발가벗어질 때 발뒤꿈치 각질 관리 정도는 필수지 않나(각질 관리라고 해서 거창해 보이지만 그저 매일 발 잘 닦기, 많이 건조한 타입이면 보습해 주기 정도일 것이다)? 하물며 페디큐어는 또 어떻고? 소매가 짧아지고 다리가 드러날 때 우리는 겨우내 무릎과 팔꿈치가 하얘지진 않았는지 신경 쓰지 않는가 말이다.

생각해 보니 이것은 매우 귀찮고 번거로운 일이다. 이 일은 여자들에게만 해당하는 일일까? 우리는 언제부터 이런 관리를 당연하게 해온 것일까? 거참 이 얼마나 피곤한 일인가. 저마다 정도의 차이는 있겠지만, 특정 장소에 가거나 특정 계절이 오면 외적으로 관리할 부분이 늘어나니 말이다. 이런 관리는 대체 누굴 위해서 하는 것일까? 나는 왜 수영장에 올 때마다 겨드랑이털을 밀어야 할까? 대부분의 남자들은 겨드랑이 밑에 매생이가 치렁치렁한데……. 우리 반 청일점은 아무렇지 않게 말발굽으로 보일 만큼의 각질을 고이고이 쌓아 모셔왔는데 말이다. 혹시나 그에게도 너무 팍팍한 미적 기준을 들이댄 건 아닌가 싶은 생각이 잠시 스쳤다.

아니야. 그래도 이 물은 사람들이 마실 수도 있는 거잖아.
그러기엔 저 각질…… 청결하지 않아! 에퉤퉤!

그의 발에 수북이 쌓인 각질의 컬처쇼크로 나의 의식의 흐름은 어느새 여성을 향한 숨 막히는 미적 기준에 닿아 있었다. 이 피곤하고 번거로운 소위 '관리'에 대해 다시금 생각해 보게 되는 계기가 되었다. 타인의 위생을 해하지 않는 선에서 우리는 여러모로 느슨해질 필요가 있다. 통상적인 '보기 좋음'의 기준을 엄격히 따라야 할 의무도 없다. 아름다워지는 것은 개인의 자유지만 꼭 아름다워야 할 이유도 없는 것이고, 그 '관리'라는 것이 아름다움의 기준도 될 수 없다. 그것이 한 성별에 치우친 일이라면 더욱더 덜 아름다워져야 할 일이다.

　그 후로 강습에서 그와 마주쳐도 별 관심이 가지 않았다. 좀 더 정확히 말하면 호감의 두꺼비집 스위치가 내려간 것이다. 영. 원. 히. 그리고 그의 뒷자리는 모두 다른 자매님들에게 양보했다. 더 이상 그의 말발굽과 정면으로 마주치는 일은 피하고 싶었고, 그의 뒷자리를 은근히 원하는 분들에게 나름의 소확행을 선사하고 싶었다. 물론 그 소확행은 내가 그의 비밀을 철저히 입 다물어 주었으므로 가능한 일이었다. 이런 걸 선의의 거짓말이라고 해야 하나. 나 참 착하고 못되기 그지 없다.

　사람의 마음이란 참으로 간사한 것이 처음이나 지금이나 그는 어디 한 군데 변한 것이 없었으나, 이젠 내 마음속에서 그를 떠올릴 때면 '훈훈'이란 두 글자는 온데간데없이 사라져 버렸다. 다시 또 뜯어보니 구남친과 별로 닮은 것 같지도 않았고, 닮았다 한들 구남친도 그렇게 잘생긴 편은 또 아니라서(보이는가? 이 간사한 마음이……) 이제는 정말 아무 감흥이 없었다. 전에는 늘지 않는 실력에도 열심히 임하는 그의 모습이 기특해 보였다면, 이제는 어지간히 느려터진 그를 앞질러 가고 싶은 마음만 굴뚝 같았다.

강습할 날들이 얼마 남지 않았을 무렵, 샤워를 마친 후 평상복으로 갈아입고 탈의실에서 나오는데 로비에 그 남자가 서성이고 있었다. 물 밖에서 그를 본 것은 처음이었다. 수경을 벗고 자세히 보니 이목구비마저 군더더기 없이 적당한 외모였다. 객관적으로는 그러했다. 하지만 자꾸 남자의 발뒤꿈치에 있던 군더더기들이 생각나 허겁지겁 그를 지나쳐 나왔다. 앞으로 남은 날들을 오롯이 강습에만 집중할 수 있을 것 같아서 참으로 잘된 일이라고 생각했다.

이름 풀이

아킬레스 권 : 치명적인 단점(아킬레스건)이 발에 있음.

2
월
의
남
자

이름 。 마선남

나이 。 34

직업 。 회계법인 대표

처음 만난 곳 。 스타벅스

무조건
무조건이야?!

어느새 한 달이 훌쩍 지났다. 시간은 점점 가속도가 붙는 것이 아닌가 하는 생각마저 들게 한다. 아직 날이 추워 아무 것도 하지 않고 있지만 더 격렬하게 아무것도 하지 않고 싶은데, 불행히도 이번 달에는 설날이 껴있다.

민족의 대명절 설날. 명절 연휴의 강남 고속버스터미널에는 귀성길에 오르는 사람들로 북적인다. 본가에 내려가는 버스를 기다리면서 표정부터 이미 지쳐있는 사람들을 구경하다 보면 그런 생각이 든다. '당신들이나 나나 우린 대체 뭐 하자고 이 삭막한 서울에서 아등바등 살고 있는지, 다들 집 떠나 개고생하고 있는 건 아닌지, 다들 밥은 먹고 다니는지' 안부를 묻고 싶어진다.

고향은 항상 그립지만 예외가 있으니 그건 명절 때다. 내 부모도 하지 않는 잔소리를 1년에 한두 번 볼까 말까 하는 친척들에게 들어야 하기 때문이다. 특히 나는 명절날 안줏거리로 씹어 먹기에 딱 좋은 적임자다. 30대 비혼의 비정규직 여성. 이 네 단어의 조합만으로 어떤 질문 세례를 받을지 너무 뻔하지 않나. 이젠 이런 건 식상한 레퍼토리니 그냥 넘어가도록 하자.

명절에 고향 가는 이유 중 딱 하나 즐거운 것은, 전국에 뿔뿔이 흩어진 친구들이 한곳에 모인다는 점이다. 결혼 때문에 또는 직장 때문에 내 또래 청년들 대부분은 타향살이를 하고 있다. 이젠 명절을 제외하고 학창 시절 친구들을 다 같이 만나는 건 거의 불가능한 일이 되어버렸다. 그 때문에 연휴 내내 고향의 번화가 곳곳에는 임시 귀향한 청년들의 재회로 술판이 벌어진다. 나도 오랜만에 친구들을 만날 것이다.

우선 친구 J를 먼저 만나기로 했다. 약속 장소는 스타벅스. 매번 늦는 J에 비해 나는 약속 시간보다 10분 정도 먼저 도착했다. 커피를 주문하고 자리가 있는 2층에 올라갔다. 역시

명절에는 카페도 북적인다. 적당한 자리를 찾아 한참을 두리번거리는데, 별안간 심장이 급격하게 요동치기 시작했다.

잠깐만…… 아 눈부셔! 사람 얼굴에서 왜 빛이 나지?

헐, 코트 핏 좀 봐. 〈도깨비〉의 공유 같아!

아니, 이런 누추한 곳에 저런 귀한 분이?

새해 복은 오늘 다 몰아받는구나. 하하하하하!!!

첫눈에 반하는 감정 비스무리한 게 이런 건가 싶었다. 이토록 눈에 확 꽂힐 정도의 미남이라니. 게다가 옆 테이블은 비어 있었다. 으악 흥분의 도가니다! 나는 마치 순간 이동이라도 하듯 누가 먼저 뺏어갈까 재빨리 그의 옆 테이블에 사뿐히 안착했다. 이런식으로 두근거리는 게 백만 년 만이라 흥분을 주체할 수가 없었다. 나의 심장은 잔뜩 상기되었지만 나의 얼굴은 최대한 침착한 척, 그를 의식하지 않는 척, 최대한 정상인 척하느라 혼이 났다. 당장 지금 이순간의 팔딱이는 감정을 토로할 곳이 없어 J에게 급히 카톡을 보냈다.

야, 대박대박대박사건!!!

왜? 또 뭔일?

나 벌써 스벅 도착했는데
완전 대박 잘생긴 사람 옆에 앉음
이해바람

헐헐헐 대박대박

좀 심하게 잘생겼네ㅋ
빨리 와!

한 5분 정도 지났을까. 계단을 올라와 나를 찾아 눈을 굴리는 J가 보인다. 가볍게 손을 들어 그녀를 불렀다. 그리곤 곁눈질로 내 오른편을 열심히 가리켰다. J가 한 발짝 한 발짝 성큼성큼 다가오면서 그를 유심히 관찰하는 게 보인다. 웬만해서 표정 변화가 없는 J의 입꼬리가 스리슬쩍 올라가고 있었다. 자리에 착석한 와중에도 그녀의 입꼬리는 연신 내려갈 줄을 몰랐다.

"어, 왔어?"
"좀 늦었지? 암쏘쏘리 벗 알러뷰 다 거쥣말~"

J가 사람 창피하게 고릿적 노래로 오버액션을 취하는 걸 보니 몹시 흥분했다는 뜻이다. 혼자 속으로 어이없이 웃고 있는데 테이블 밑으로 그녀가 엄지손가락을 점점 치켜올리는 것이 보인다. 그리고 알 수 없는 음흉한 미소를 짓는다. 터져 나오는 웃음을 참느라 혼이 났다. J도 같은 마음이었는지 귀까지 벌개져서 저러다 귀에서 피 나는 거 아닌가 싶었다.

우리는 그를 의식하지 않는 척하며 소소하게 지난 안부를 묻고 담소를 나누기 시작했다. 그렇지만 여전히 암묵적으로 J나 나나 관심은 그를 향해 있음을, 서로의 안부 따위는 집어치우고 얼른 그에 대해 왁자지껄 흔들어 재끼고 싶음을 알고 있었다. 얼마 지나지 않아 그가 화장실을 가려고 자리를 비우는 것 같았다. 드디어 우리에게 흔들어 재낄 기회가 온 것이다.

"어때?"

"완전 잘생겼는데? 키도 큰 것 같고."

"완전 훈남이야. 저런 외모 만나기 진짜 힘든데……."

"완전 드물지."

"아, 어떡하지?"

"뭘 어떡해? 당장 번호 물어봐."

"아, 어떻게 그래……."

"어떻게 그러긴. '저, 실례지만' 하고, 일단 애인 있나 물어
보고! 아 참참, 결혼했을 수도 있으니까 배우자 있나도 꼭 물
어보고!"

"맞아. '여친은 없고요, 와이프가 있습니다'라고 할 수도.
근데 아…… 못 물어보겠어!"

"아오! 번호 하나 물어보는 게 별거야? 잃을 게 있기를 해?
거절하면 어차피 다신 안 볼 사람이고, 번호 주면 앞으로 더
볼 사람인 거고! 이 기회는 다시 오지 않아. 저런 미남은 다시
오지 않아. 용감한 여자가 미남을 얻는다는 말도 모르냐?"

J는 항상 맞는 말만 한다. 그래서 가끔 재수가 없는데, 나

는 그녀의 재수는 없지만 항상 맞는 말들로 밑도 끝도 없는 용기를 얻곤 한다.

"오케이! 저 사람 오면 잠깐 자리 좀 비켜줘."

"알았어. 근데 빨리 끝내라."

그가 자리로 돌아오는 것이 보이자 J가 자연스럽게 자리를 비켜줬다. 그는 다시 앉아 자기 일에 집중하기 시작했다. 힐끗 보니 엑셀 화면에 숫자가 한가득이다. 회사 일을 하고 있는 듯했다. 흥분한 마음을 가다듬고 첫마디로는 뭐가 좋을지 짱구를 굴려본다. 머리 굴러가는 소리가, 눈치 없이 요동치는 심장 소리가 그의 귀까지 들리진 않을까 노심초사했다.

"저기……."

"네?"

"실례가 안 된다면 혹시…… 아까 처음 봤을 때부터 느낌이 좋아서, 제가 그냥 지나치면 후회할 거 같아서요. 그러니까……."

"저! 여자 친구 없습니다! 결혼도 안 했어요!"

이게 웬 떡이냐. 내가 아직 묻지도 않은 걸 그가 알아서 먼저 말해주고 있다. 혹시 넘치는 미모만큼이나 센스도 넘치는 사람인 건가.

"아, 정말요? 하…… 다행이다."

"실은 저도 처음에 올라오셨을 때부터 눈에 띄어서…… 제 옆자리에 앉으셔서 얼마나 놀랐는지 몰라요. 일하는데 집중도 안 되고 계속 말 붙일 타이밍을 보고 있었는데 이렇게 먼저 말 걸어주시다니 감사합니다."

"진짜요? 와 신기하다." (하느님 아부지 갑자기 저한테 이러시면 제가 몹시 오예!입니다)

우리는 그렇게 잠시 대화를 나누었고 번호도 교환했다. 다음 날 저녁 약속을 잡고는 J에게 이제 돌아와도 된다고 연락했다. 하마터면 그녀가 화장실에서 기다리고 있다는 것을 새까맣게 잊을 뻔했다. J가 돌아오고, 한 명의 친구가 더 합류할 것이라 우린 좀 더 넓은 자리로 옮기려 했다(실은 번호를 교환하고 나니 그의 옆자리에 계속 앉아있기가 민망했던 이유도 있다).
그러자 그가 J에게 가볍게 인사를 했다.

"안녕하세요?"
"아? 아, 네. 안녕하세요."
"친구분도 또 보게 되면 그때 다시 뵙죠."
"네?! 또 봬요!"

내 친구마저 신경 써서 인사하는 그의 모습에 J와 나는 뒤돌아 감탄의 눈빛을 교환했다. '또 보게 되면'이라는 말은 내 친구까지 다시 만날 정도의 사이로 나와 발전될 수 있다는 말처럼 들렸기 때문이다. J와 나는 자리를 옮기고는 온갖 호들갑을 떨기 시작했다.

"웬일이야, 웬일이야! 다시 뵙죠? 웬일이야!!!"
"그러게. 저 사람이 너한테 그런 말까지 할 줄은……."
"저 사람 완전 적극적인 것 같은데? 너 완전 마음에 들었나 봐!"

"야, 나 진짜 심장 터지는 줄 알았다고오!"

"와, 진짜 오래 살고 보니 별일이 다 있다."

J와 수다를 떨며 나는 생각했다. 초면에 서로가 호감을 가질 확률은 얼마나 될 것이며, 그 사람이 나의 옆자리에 앉을 확률은 또 얼마나 될 것인가. 혼자가 되면서 나는 줄곧 커플들이 놀라웠다. 발에 채이는 게 커플일 만큼 이 세상에 흔하디흔한 것이 커플인데, 누군가와 같은 마음이 된다는 것은 얼마나 기적에 가까운 일인가. 그것이 호감이 되고 사랑이 된다는 것은 실로 행운이지 않을까. 누군가가 나를 소중히 여기고 애정한다는 것, 그리고 나도 같은 마음으로 대답하는 일 말이다. 그런 기적이 나에게도 일어날 수 있다는 신호로 받아들여도 되는 걸까. 내가 너무 성급한 것은 아닐까.

정신 차리자. 김칫국을 장독째 마시고 있네.

첫 만남의 쌍방 호감으로 잠시 호들갑을 떨었으나, 이성을 차리고 보니 우린 서로에 대해 아는 것이 하나도 없었다. 지금까지의 정황으로는 믿기 힘들겠지만 첫 느낌만으로 호로록 사랑에 빠지기에는 내가 그렇게까지 금사빠는 아니다. 지나간 세월의 연륜이라는 것이 쌓여 있었고, 몇 번의 연애를 통해 학습된 것들을 무시할 수 없었다. 급할 이유도 없다. 콩깍지를 쓰는 것은 조금 뒤로 미뤄도 괜찮았다.

그에게 금세 빠져버리면 어떡하나 걱정했던 건 기우였을까. 내가 스타벅스를 떠나고 나서 친구들과의 술자리를 갖는 도중 틈틈이 그에게 연락이 왔다. 누구와 있냐느니 언제 들어가냐느니 등의 반길 수 없는 물음들이 쏟아졌다. 간섭이 좀 과한 것 같은데? 그는 대체 자기가 나의 무엇이라고 생각하는 것일까. 성급한 건 내가 아니었다. 마라톤 스타트부터 페이스를 조절하지 않고 전력 질주를 하는 건 내가 아니라 그 남자 같았다. 그것도 좀 잘못된 방법으로 냅다 뜀박질하는.

마선남

저 가족들한테 도나 씨 만났다고 자랑했어요ㅎㅎ

네? 벌써요??ㅎ

마선남

명절이라 다들 모여 있기도 하고 뭐 어쩌다 보니ㅎㅎ
좋은 사람 만난 것 같다구요ㅎㅎ 별 얘긴 안 했어요 ;-)

별 얘기가 아니긴 무슨, 이 사람아! 그리고 좋은 사람이라니. 물론 전적으로 사실에 해당되지만 당신이 나에 대해서 뭘 안다고……. 그리고 벌써 가족들에게 말했다니? 내일은 아주 상견례 하자고 달려들 기세네. 뭐야, 부담스럽게…….

예상하지 못했던 전개다. 백번 양보해서 그를 이해해 보려 머리를 굴려봤다. 명절이란 특수성을 고려한다면 그도 나와 비슷한 질문들을 받았을 것이다. 예를 들면 '장가는 언제 갈 거냐' 같은 질문. 그는 나보다 4살이나 더 많았다(궁합도 안 본다는 4살 터울. 아, 이게 아니지……). 어떻게든 그 상황을 모면하고 싶었을 것이다. 그래서 나를 방패막이로 삼은 걸지도 모른다. 그 정도로 한번 이해해 보자고 나를 다독인 것도 잠시였다.

"도나 씨는 정말 제 스타일이에요!!!"

그가 전화 통화중에 한 말이다. 통화 내내 그가 입꼬리를 귓볼에 걸어놓고 있다는 것을 목소리만으로도 짐작할 수 있었다. 저러다 그의 입이 찢어지는 건 아닌가 싶을 정도로 과한 흥분 상태였다. 그는 마치 일평생 찾아 헤맨 운명의 상대라도 만난 듯 잔뜩 들떠 있는 상태였다. 아이처럼 밑도 끝도 없이 마냥 신나있는 모습에서 조금 유아적이라는 생각까지 들었다. 덕분에 초반에 갖고 있던 나의 들뜬 마음은 그의 것과 반비례 그래프를 그려가며 되려 차분해지고 있었다.

다음 날 처음 만났던 카페에서 우린 다시 만났다. 여전히 그의 호들갑은 멈추지 않았지만 그냥 호감의 표현이겠거니 긍정적으로 생각하기로 했다. 내가 이렇게 너그러운 사람이다. 그런데 그와 본격적인 대화를 나누다 보니 호구조사를 하고 있는 것은 아닌가 싶은 기분이 들었다. 교감을 하는 남녀의 대화라기보다 선 자리에서나 할 법한 대화 같았다. 그의 질문은 주로 직업과 부모님, 학벌과 미래 계획에 초점을 두고 있었다. 스스로에 대한 설명 또한 그랬다. 그는 나름 넉넉한 집에서 자랐고, 직업은 회계사며 지금은 본인의 회계법인을 운영하는 대표였다. 오로지 회계 하나만 파고들어 다른 분야는 잘 모른다고 했다. 유일한 취미는 골프인데, 그것도 사업을 위해서 시작한 것이라고 했다.

그의 이야기를 듣다 보니 여러 감정이 교차했다. 현실적으로만 놓고 보면 그에 비해 나는 몹시 초라하게 느껴졌다. 한편으로는 그의 스펙에 솔깃하기도 했다. 반면에 그가 정말 재미없는 사람이라는 생각도 동시에 들었다. 다른 분야는 잘 모른다는 말에 '취향'이라는 것이 없어 보였고, 근시안적인 사고방식을 갖고 있는 것은 아닐까 걱정부터 앞섰다. 뭐랄까. 너무 전형적인 (재벌까지는 아니지만) 부잣집 도련님의 표본 같다고 해야 하나? 그것도 얼굴 빼고는 죄다 재미없는 쪽으로.

무엇보다 일단 이런 대화가 나는 몹시 생경했다. 여태껏 호감이 있는 남자와의 첫 데이트에서 이런 식의 대화를 해본 적은 없었기 때문이다. 나는 보통 서로의 취향과 가치관에 대해 얘기했다. 좋아하는 노래라든가 영화라든가 음식이라든가 책이라든가 아니면 좋아하는 장소 같은 것들에 더 중점을 두었다. 상대의 취향에 관련된 전반적인 생각을 듣다 보면 조금이나마 그의 가치관을 엿볼 수 있었다. 그런 것들이 상대의 세계를 파악하는 데에 더 도움이 된다고 생각했다. 물론 그 생각은 지금도 변함없다. 슬슬 그 사람과 나의 간극이 벌어지고 있음을 느꼈다. 그도 나와 같은 생각일까.

"이번 주 토요일에는 뭐해?"(그에게 말을 놓으라고 했다)
"일이 좀 있어요."
"그럼 못 보겠네. 그런데 무슨 일?"

순간 고민했다. 정신과 예약이 잡혀 있는 날이었기 때문이다. 우울증으로 정신과 상담을 받은 지는 대략 1년쯤 되었던 시기였다. 처음 만난 남자에게 나는 어디까지 오픈할 수 있을까. 어차피 언젠간 알게 될 일이라면 시작부터 패를 까는 것이 서로에게 좋지 않을까. 이런 나를 감당할 수 있겠냐고 말이다. 물론 듣는 입장에서는 다짜고짜일 수는 있으나 이것도 분명 나에게는 평범한 일상의 한 부분이니까. 그리고 내심 그의 반응이 궁금하기도 했다.

"정신과 상담 예약되어 있어요."
"아…… 그래……. 그럼 할 수 없네."

그가 당황하는 기색이 역력했다. 시선을 어디에 둘지 고민하는 게 보였다. 낯빛까지 바뀌는 것 같았다. 나의 자격지심일지도 모르지만 분명한 건 그가 꽤나 놀랐다는 것이다. 그는 재빨리 화제를 바꾸었다. 놀란 티를 내지 않으려 노력하는 듯했으나 너무 갑작스러운 화제 전환이라 그 찰나가 매우 부자연스러웠다.

데이트는 그럭저럭 화기애애한 분위기에서 무사히(?) 마무리되었다. 아직은 나에게 호감이 있는 것도 같았다. 하지만 모든 것이 처음과는 다르게 흐릿해졌다. 처음에는 그가 더 나를 원한다고 확신에 차 나왔는데, 헤어지는 이 순간만큼은 그마저도 분명하지 않았다.

"연락할게. 오늘 즐거웠어. 조심히 들어가!"

"네. 들어가세요."

그렇게 우린 헤어졌고, 그 뒤로 그는 아무 연락도 하지 않았다. 하하하! 분명 어제까지만 해도 당장 사귈 기세였던 그는 카톡 하나도, 전화 한 통도 하지 않았다. 대한민국 썸남썸녀라면, 아니 하다 못해 친구 사이에서도 응당 기본으로 하는 '잘 들어갔니? 난 잘 들어왔어' 식의 연락조차 없었다. 사람이 하루아침에 이런 식으로 매너를 밥 말아드실 수 있는 건가?

나에 대한 호감이 식어버린 것이 너무 티가 났다. 처음 스타벅스에서 번호를 교환하고 다시 만나기 직전까지 핸드폰을 손에서 떨어뜨린 순간이 있기는 한가 의심될 만큼 주구장창 내게 연락하던 그가 이렇게 침묵으로 일관한다면 너무도 당연한 결론에 도달할 수밖에 없지 않은가. 그렇게 설레발칠 때는 언제고……. 내가 먼저 부담스럽다고 느꼈었는데, 내가 먼저 그가 재미없다고 느꼈었는데, 왜 지금 내가 퇴짜 맞은 것 같은 기분을 느껴야 하는 것인가. 무엇이 그를 나로부터

멀어지게 했는가 고민했다. 나의 배경? 변변치 않은 직업? 우울증 병력? 고민을 하면 할수록 내 자존감만 곤두박질치는 소리가 들렸다. 친구 J에게 전화해 하소연했다.

"참나, 그런 놈들 꼭 한 명씩 있더라."

"너도 그런 적 있어?"

"응. 나 예전에 소개팅한 남자. 소개팅 후로 두 번째 만날 때까지 완전 무슨 남친이라도 된 것처럼 맨날 연락하고, 오늘은 뭐 했네, 뭘 먹었네 보고를 다 하더라니까. 그것도 매일매일. 그런데 두 번째 데이트 이후에 연락이 뚝 끊기더라고. 아니 싫으면 싫다고 왜 말을 못 해? 그냥 인연이 아닌 것 같다, 그쪽이랑 나는 안 맞는 것 같다고 정중하게 말하는 게 예의 아니야? 그냥 연락 두절이 뭐야. 한두 살 먹은 애도 아니고."

"그러게. 그 말 한마디 하는 게 그렇게 어려운가?"

"근데 더 웃긴 건 그 사람이 그러고 나니까 내가 마치 바람맞은 것 같은 기분이 드는 거야. 아니 지가 먼저 좋다고 난리 칠 땐 언제고 그렇게 뚝 끊어버리니까, 사귄 것도 아닌데 차인 것처럼 기분이 더럽더라고!"

"지금 내 기분이 그래."

"야, 오히려 잘됐어. 그 사람 안 그래도 자기 분야밖에 모른다며. 취미도 없고, 그게 무슨 자랑이라고. 좋게 말해서 자기 분야의 전문가라는 얘기지만 다르게 생각하면 경주마 같은 거야. 다른 건 못 보는 거지. 관심도 없고. 세계관도 분명 좁을 거야. 그러니까 그렇게 쉽게 호감도 접어버린 거 아니겠어? 네 겉만 보고 그 난리를 치면서 좋아했다가 네 스펙이 됐든 우울증이 됐든간에 지가 감당 못하겠으니까 입 싹 씻은 거지."

"그러게…… 그런갑다……."

"그리고 요즘 세상에 무슨 우울증이 흠이냐? 언제는 무슨 감기 같은 거라며! 현대인의 가장 흔한 질병 아니야? 나는 콧물 찔찔거릴 때 보다 당장 내일의 태양이 뜨지 않았음 했던 적이 더 많다고! 아니 이런 뭣 같은 세상 살아가면서 우울증 안 걸리는 게 더 이상하지. 그 이유 때문이라면 그 인간이 되게 촌스러운 거야. 그런 사람이랑 깊어지기 전에 이렇게 된 게 더 잘된 거야. 너무 신경 쓰지 마."

역시 J는 명쾌하다. 맞는 말이지만 그 말들이 날 더 아프게 찔렀다. 은연중에 알고 있는 사실을 언어로 정리하면 그 칼날은 더 날카로워질 수밖에 없었다. 결국 현실적인 면에서 나는 그에게 여러모로 부족했던 것인지도 모른다. 그리고 지금 이 더러운 기분을 어떻게 씻어낼 것인가 골머리를 앓고 있는데, 그에게 장문의 카톡이 왔다. 만 이틀이 지나고 나서였다.

 마선남

> 도나야
> 연락이 늦어서 미안해.
> 곰곰이 생각해 봤는데… 깊은 연인 사이로 발전하기엔 내 마음이 조금은 성숙하지 못한 것 같아서, 도나 너한테 못된 행동이란 거 알면서도 선뜻 연락하지 못했어.
> 진심으로 미안해.
> 마음도 외모도 너무나도 아름다운 너라는 거 모두가 아니까 널 위해줄 사람 또한 금방 인연이 닿을 거라 생각해!
> 그리고… 이런 식으로 일방적으로 얘기해서 미안해.
> 더 깊어지기 전에 결정해야 할 것 같았어…. 마음속으로나마 도나 너가 이루고자 했던 것들 이루고 행복하게 지내길 응원할게! 건강 관리도 잘하고!
> 잠시였지만 모든 게 고마웠어…

그가 보낸 카톡을 읽고 한동안 답장을 하지 못했다. 기억을 되짚어 보면 나조차도 그의 겉모습에 호들갑부터 떨었던 건 마찬가지였다. 나는 그의 현실적인 배경에 아무런 관심이 없었던가. 아니다. 실은 그의 스펙에 솔깃했던 순간이 존재했다. 가난하지 않아서 안도했었다. 잘생긴 와중에 스펙까지 좋다고 생각했었다. 상대를 욕할 수 있을 만큼 나는 타인의 조건에 무관심한 사람이던가. 나 또한 상대의 집안은 어떤지, 직업은 어떤지, 지적 수준은 어떤지 일정 부분 고려하고 있지 않았던가. 또 그에 따라 사람의 마음은 얼마나 간사해지는가. 그도 나도 그렇게 설레발칠 때는 언제고, 부침개 뒤집듯 간단히 엎어질 마음이었으면서……. 누구라도 이것들로부터 완벽하게 자유로워질 수 있을까?

그건 아마 사랑에 빠진 뒤에나 가능할지도 모른다. 순수하게 감정만 좇던 시절의 나도 그랬을 것이다. 그땐 그런 것들이 필요 없었다. 모두가 똑같이 어렸기에 가능했을 거고, 그 시절에 연애 상대로서 따진 조건들은 지금보다 매우 한정적이었다. 일상을 직접 일궈나가는 어른의 삶을 책임지다 보면 고려하지 않았던 것들을 고려하게 되는 순간들이 찾아온다.

필요 없던 것들이 필요해지고 만다. 현실적인 부분을 따지는 것이 때론 삭막해보일 수도 있겠지만, 그것이 현명하고 합리적인 선택일 수도 있다는 걸 인정해야 하는 나이가 되었다. 꼰대 같은 소리로 들릴 수도 있겠지만 말이다. 아마 이런 꼰대 같은 소리마저 덮을 수 있는 건 오로지 사랑으로 도배된 마음뿐이겠지. 사랑 앞에선 모든 게 무력해진다. 그것이 때로는 잔인한 현실마저 가려줄 테지. 그렇지 아니한가.

> 그래요. 그만하려는 그 마음 모두 이해해요.
> 시간이 지나면 곧 흩어지겠지만
> 잠시나마 좋은 추억 고마웠어요.
> 저도 각자의 자리에서 더욱더 멋지게
> 살아가기를 진심으로 바랍니다.
> 그럼 잘 지내요.

긴 생각 끝에 마음을 가다듬고 그에게 답장을 보냈다. 예의를 갖춘 안녕이 꼭 필요할 때도 있는 법이니까.

이름 풀이

마선남 : 맞선 보는 자리에서나 할 만한 대화만 하는 남자.

이름 。 나시눈

나이 。 33

직업 。 PD

처음 만난 곳 。 대학교

호의가 계속되면
그게 호감인 줄 알아요

유학 시절의 일화다. 나는 한국 사람이 그리 많지 않은 학부 소속이었다. 그래서였는지 학부 건물에서 오다가다 마주치는 극소수의 한국 사람들끼리는 대부분 서로서로 인사를 나누다 쉽게 가까워졌다. 혹은 건너 건너 다 안면 있는 사람이 되거나. 그렇게 해서 알게 된 선배가 한 명 있었다.

내가 본 선배는 꽤 쾌활하고 에너지가 넘치는 사람이었다. 목청도 크고 항상 하이 텐션이어서 살짝 부담스럽기도 했지만, 국적 불문, 성별 불문, 나이 불문, 거의 모든 이들과 금세 말을 트고 가까워지는 친화력을 가진 사람이었다. 활달하고 적극적인 핵인싸 선배, 딱 그 정도였다. 그런 선배가 언제부터 나를 친근하게 생각했는지 나는 도무지 감이 오지 않았다. '친한 선후배'에서 '친한'을 뺀 것이 딱 내가 생각하는 우리의 거리였기 때문이다. 오다가다 마주치면 꼬박꼬박 인사를 하는 정도, 학생회 행사에서 만나면 어쩌다 몇 마디 섞는 정도의 사이였으니 다가올 선배의 의외의 행동들을 예상할 수 있을 리 만무했다.

때는 바야흐로 나의 생일날이었다. 생일을 그다지 특별하게 생각하지 않는 나는 친한 친구 몇몇과 조촐하게 저녁 식사를 한 후 귀가 중이었다. 그때 선배에게서 생일 축하한다는 카톡이 왔다. SNS에 가입할 때 입력한 생일을 때가 되면 온라인상의 친구들에게 친절히 알려주는 기능 덕분이었다.

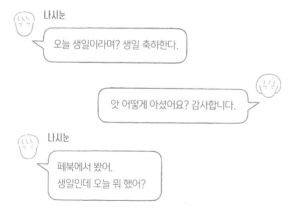

나시눈
오늘 생일이라며? 생일 축하한다.

앗 어떻게 아셨어요? 감사합니다.

나시눈
페북에서 봤어.
생일인데 오늘 뭐 했어?

그냥 친한 사람들이랑 밥 먹었어요.

나시눈

그게 다야?

원래 특별하게 축하 파티하고
그러질 않아서…

나시눈

지금 뭐해?
내가 맥주라도 한잔 살게.

아니에요. 괜찮아요.
안 그러셔도 돼요.

나시눈

에이, 생일을 그렇게 보내면 쓰나~

　몇 번을 괜찮다고 괜찮다고 거절을 해도 그는 꿋꿋이 나를 불러내려 노력했다. 때로는 '괜찮다'는 말이 '절대 절대 싫어요'의 완곡한 표현임을 눈치채지 못하는 사람들이 종종 있는데 그게 하필 선배였다. 그는 나의 거절을 왜 거절로 받아들이지 않는 것일까 골머리를 앓던 중에 그에게 전화가 왔다.

"어디야? 데리러 갈게."

"아니, 진짜 괜찮은데요. 오늘 좀 피곤해서 집에 들어가는 중이라……."

"생일처럼 특별한 날에 그냥 그렇게 집에 들어가는 게 어 떴어? 재미없게."

'그러게요. 이렇게 특별한 날에 제가 왜 선배를 만나야 합니까? 재미없게.'라는 말은 결국 하지 못했고 끈질긴 그의 고집도 꺾지 못했다. 한 잔이라도 마셔줘야 그에게 덜 시달릴 것 같아서였달까. 아무튼 그때는 내가 원하지 않는 상대방의 호의를 단호하게 거절하는 방법을 몰랐던 게 사실이다.

그가 버스정류장에 있던 나를 차로 픽업하고 우리는 작은 호프집에 갔다. 선배와 단둘이 무얼 하는 것은 처음이라 초반엔 상당히 어색한 기류를 견디기 어려웠다. 그러나 그의 친화력에 동화된 것인지 금세 말문이 트였고, 이런저런 담소가 오가게 되었다. 당시 곤란한 위치에 끼여 인간관계 문제로 스트레스를 받고 있던 나는 겨우 3년 더 산 선배에게 인생 상담 비슷한 것을 했던 것도 같다. 워낙에 많은 사람과 두루두루 잘 지내는 스탠스를 갖고 있던 선배는 나름 명쾌한 해결책을 주었고, 그래서였는지 그 맥주 한잔의 만남이 나름 괜찮았다는 기억을 갖게 되었다. 그 후 선배의 행동 변화를 맞닥뜨리기 전까지는 말이다.

내가 순진했던 것인지, 그날의 의도를 단지 후배의 생일 축하주를 사주는 정도로만 여겼던 나와는 다르게 그는 다른 생각이 있는 듯했다. 그날 이후로 툭하면 선배는 시시콜콜한 일상을 카톡으로 보고했고, 툭하면 만나자는 제안을 했다. 물론 생일날 이후로 조금 가까워진 것은 사실이었으나 단둘이 무엇을 자주 할 만큼의 사이인지에 관해서는 두 사람의 입장 차가 있는 것이 분명했다. 선배가 열 번을 만나자고 하면 나는 거의 아홉 번의 제안을 거절하다 못 이겨 어쩌다 밥 한 번을, 어쩌다 커피 한잔을 먹는 것이 최선이었다. 내가 그 제안을 다 수락하지 못한 이유는 너무도 분명했다. 선배가 그와 나 사이를 선후배 관계로 한정짓지 않는 것 같은 느낌을 매우 강하게 받았기 때문이다. 내가 상대를 이성으로 보지 않을 때, 상대가 던지는 추파가 이성적 호감임을 감지하는 촉은 99.99프로 정확하다. 이것은 절대불변의 법칙이니 믿어도 좋다. 선배의 경우도 역시 그랬다.

그러던 어느 날 내가 나의 촉을, 그의 마음을 확신할 수밖에 없었던 일이 기어코 일어났다. 당시 친한 지인과 식사를 하고 있는 도중에 그에게서 한 통의 전화가 걸려왔다. 받지 말까 수없이 고민했지만, 받을 때까지 전화를 할 것 같은 불안감에 나는 결국 통화 버튼을 누르고야 말았다. 전화를 받자 그는 술을 마셨는지 혀가 약간 꼬인 발음으로 말하기 시작했다. 아, 정말 싫다.

"어…… 도나야…… 뭐어해……?"

"저 지인이라 밥 먹는 중이에요. 무슨 일이세요?"

"무슨 일으은…… 그냥 너 생각나서 전화했쥐…….''

"아, 네…… 술 드셨나봐요?"

"어어…… 한잔했어……. 요즘 좀 외롭구 그러네에…….''

"아, 그러시구나."

"남들은 다 연애하구우 여자 친구랑 놀러도 가고 그러던데……. 재밌겠다, 그치? 그 재밌는 거…… 오빠랑 할래?"

대체 뭐라는 거야? 이게 드디어 미친 거지?

"네? 오빠 많이 취하셨네요. 장난치지 마세요! 저 끊을게요!"

한동안 행여라도 이런 끔찍한 날이 오지 않을까 싶은 불안감에 시달렸었는데 결국 이런 일을 당하게 되다니 놀란 가슴을 부여잡고 황급히 전화를 끊었다. 거기서 더 대화를 이어 나갔다면 그가 어떤 뻘소리 잔칫상을 차릴지 가늠할 수 없었다. 그렇게 잘못 들은 척, 취중장난인 척 넘기는 것이 나에겐 최선의 방법이었다.

그 이후로 거절당한 것이 민망했던 것인지, 아니면 다른 이유 때문인지 선배는 더 이상 나에게 접근하지도, 연락하지도 않았다. 눈치는 뒤지게 없어도 창피함이 뭔지는 아는 인간이구나 싶었다. 그러다 몇 달 후 그는 졸업했고 영영 다시 볼 일은 없을 줄 알았다. 적어도 4년 전의 나는 그렇게 믿고 있었다.

그에게 다시 연락이 온 것은 3월의 어느 날이었다. 겨울 동안 잔뜩 움츠러들었던 봄의 태동이 기지개를 켜고 새싹을 틔우는 그런 봄날에, 새학기의 시작이랄지 새 출발의 설렘이 랄지 그런 것들이 가득한 봄날 말이다. 나는 마침 본가에서 나와 홀로 이사를 했던 때인지라 올해의 봄과 함께 새로운 시작을 맞이하는 기대감에 부풀어 있었다.

하필 이런 꿈과 희망에 부풀어 있을 타이밍에 그에게서 연락이 온 것이다. 오 나의 피스 브레이커……. 아마 내가 본가에서 나와 터를 잡은 동네가 본인이 사는 곳과 가까운 것을 나의 SNS를 통해 알게 된 것 같았다. 이놈의 SNS를 끊든가 해야지. 그는 동네도 가까우니 언제 한번 밥 한끼 또는 맥주 한잔하자는 말로 나를 만나고 싶어 했다. 그런 시도가 시간이 가면 갈수록 더 잦아졌다. 젠장, 이거 데자뷰 아냐? 예나 지금이나 그건 나에게 무척 부담스러운 제안이었다. 이 사람 못 본 사이 기억상실이 왔나? 그는 벌써 우리의 히스토리를 잊은 것일까 심히 의심됐다. 내가 그였다면 이불킥으로 잠 못 든 과거의 사건 때문에 내 근처에는 얼씬도 하지 않을 텐데 말이다.

동방예의지국의 교양인으로 태어나고 자란 나는 학교 선후배라는 그와의 사회적 관계와 연장자 우대 사상을 적절히 고려하여 예의를 갖추려 노력했다. 나는 이런저런 핑계를 대며 적당한 매너로 그의 제안을 거절했다. 그러나 그는 불굴의 사나이였고, 의지의 한국인이어서 나의 빈번한 거절에도 불구하고 칠전팔기했다. 일곱 번이나 넘어졌으면 일어나지 좀 마 제발.

그때나 지금이나 나는 그쪽을 그닥 만나고 싶지 않은데.
동네가 가까워서라면 그냥 내가 이사간 걸로 치자, 응?

진작 이렇게 대놓고 말했어야 하는 건데. 지금 생각하면 그의 화끈한 성격만큼이나 그의 얼굴을 화끈거리게 할 직설적인 거절 한 방이 필요했던 것인지도 모른다. 선배는 꽤나 유쾌한 사람이었다. 항상 당찼고 자신감이 넘치는 사람. 그런데 딱 거기까지였다. 상대가 나의 마음에 드는 장점을 갖고 있다고 해서 무조건 이성으로 반할 수 있는 것은 아니었다. 그리고 그의 당당함과 유쾌함이 나의 거절 의사를 침해할 때, 그는 그저 부담스럽고 피곤한 사람으로 변질될 뿐이었다. 4년이란 시간이 지났다고 해서 그 사실이 달라질 건 없었다. 그도 역시 4년 전 그대로였으니 말 다했다.

언제부턴가 그는 문자나 톡이 아닌 전화를 해대기 시작했다. 나에게 전화란 공적인 업무 목적과 배달음식 시킬 때를 제외하고는 아주 친밀한 사람과 할 수 있는 무엇이었다. 나는 그와 아무 때나 장시간 통화할 만큼 친밀한 관계가 아니었다. 때문에 그의 전화 대부분을 받지 않았고, 그러면 언젠간 그도 나의 의중을 알아차릴 것으로 생각했다. 그러나 그런 나의 기대는 나만의 바람일 뿐이었고, 그는 내가 그의 전화를 '안' 받는 것이 아니라 '못' 받는다고 생각했던 것이 분명했다. 자신의 전화를 '피한다'라는 생각을 한 번도 하지 않는 사람. 그의 근거 없는 자신감은 대체 어디까지인지 본받고 싶을 정도였다(사실 그딴 것을 본받고 싶지는 않다. 세상에 본받을 만한 일은 차고 넘치니까).

수없는 암묵적 거절에도 불구하고 그가 끊임없이 전화를 걸어오자 나는 그의 번호를 차단해 버렸다. 그러자 그가 (미처 차단을 못한) 카톡을 보내기 시작했고 나의 인류애에 기반을 둔 참을성에도 슬슬 한계가 오기 시작했다.

나시눈
엄청난 스피드로 끊었네:;;

뭘요? 주어랑 목적어 좀…

나시눈
너한테 걸면 고객님이 전화를 받을 수 없대.

전화 온 적이 없습니다.

나시눈
정말?

왜 그러시는데요? 무슨 용건?

나시눈
꼭 집어서 이유가 없는데;;

용건 없이 왜 전화를…

나시눈
넌 어떤 이야기든 문자로 하는 걸 좋아해?
통화나 보는 것보다는?

그 소리가 아니라 용건 없이
통화할 사이는 아닌 거 같아서요.

나시눈
아… 너 혹시 만나는 분 있어?

그건 왜 물으시죠?

나시눈
궁금해서요…

그게 왜 궁금하신데요?

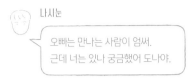

나시눈

오빠는 만나는 사람이 엄써.
근데 너는 있나 궁금했어 도나야.

애인의 유무를 아신다고 달라질 건 없을 거 같습니다만
오빠가 싱글인 건 제 관심사가 아닙니다.

나시눈

그래그래 알았어.

그렇게 그는 떨어져 나갔다. 두 번 다시 아무 연락도 오지 않았다. 허무한 엔딩 같겠지만 그에게 줄곧 시달려 왔던 나에게는 나름 후련한 엔딩이었다. 카톡만 보면 내가 매우 무례한 쓰레기 같아 보이겠지만, 예의와 친절을 겸비해 거절했을 때 그는 전혀 알아듣지 못했다. 어쩌면 나의 의사를 무시했다는 표현이 더 정확할지도 모른다. 나의 바닥난 인류애를 닥닥 긁어 이 정도 선에서 끝낸 것이 그에게 남은 나의 마지막 배려였다. 그리고 이번이 벌써 두 번째가 아닌가. 이 정도면 내가 부처인 거다. 학습이 전혀 되지 않는 가여운 중생을 여러 번 굽어살피는.

'열 번 찍어 안 넘어가는 나무 없다'는 말은 이제 옛말이 된 지 오래다. 열 번을 찍든 백 번을 찍든 스크래치 하나 남지 않는 나무도 있는 법이다. 그걸 인정하는 게 그리도 어려운 것일까. 본인도 어떤 이유에서든 누군가에게 거절당할 수 있다는 사실과 거절을 거절로 받아들이는 것 말이다.

나는 그에게 '어떤 사정이 있어 만나지 못 한다'가 아니라 '당신을 만나기 싫다'라고 정확히 말했어야 했다. 때로는 인간 대 인간으로서의 친절과 호의를 이성의 호감으로 오해하는 사람도 있기 마련이다. 그런 사람에게는 굳이 예의 차린답시고 에둘러 말하지 말 것. 거절의 뜻을 명확하게 밝혀 서로의 시간을 낭비하지 않도록 할 것. 그리고 때로는 내가 누군가에게 이토록 모질게 대할 수 있는 사람이라는 것 또한 뼈저리게 느낀 3월이었다.

이름 풀이

나시눈 : 나는 시방 눈치가 없음.

<table>
<tr><td>4</td></tr>
<tr><td>월</td></tr>
<tr><td>의</td></tr>
<tr><td>남</td></tr>
<tr><td>자</td></tr>
</table>

이름 。 여갈림

나이 。 당시 23

직업 。 당시 학생

처음 만난 곳 。 친구 생일파티

새로 시작하는
연인들을 위한 나의 고백

대학생 시절, 대략 3년 정도의 연애가 끝나고 새로운 사람이 제 마음에 들어왔어요. 친구의 생일파티에서 처음 본 그의 모습을 아직도 기억합니다. 뽀얀 얼굴에 티 없이 맑은 기운이 가득한 사람이었어요. 그땐 제가 그 친구를 짝사랑하게될 것이라고는 상상도 못했지만, 은연중에 그와의 첫 만남이꽤나 강한 인상으로 남았나 봅니다. 그때 그 친구의 모습이제법 생생하게 떠오르는 것을 보면요.

지금 생각하면 그 친구의 어떤 점이 마음에 들었는지 잘모르겠습니다. 공감대가 많아 대화가 잘 통한다든가 외모가제 타입이라든가 하는 것도 없었거든요. 하지만 이상하게도시간이 지날수록 그 친구가 좋아져 버렸습니다. 정확한 이유를 설명할 수는 없지만 그랬어요. 그래서 자주 연락하고 자주 불러냈어요. 워낙에 해맑고 밝은 성격이어서 그런지 제가 이 핑계 저 핑계를 대며 자주 불러내도 거리낌 없이 곧잘 응해주더라고요. 그 친구는 제가 자기를 이성으로 좋아하는 걸 전혀 모르는 눈치였습니다.

그 친구가 저의 마음을 눈치채지 못하는 나날들이 계속되다가 저는 곧 지쳐버렸고, 전혀 가망 없어 보이는 짝사랑을 혼자 정리하기로 마음먹었습니다. 그 친구를 빨리 잊을 겸, 아니 아마 홧김에 지인에게 소개팅을 받기로 했습니다.

소개팅은 주선자들과 함께 고깃집에서 하게 되었습니다. 다섯 명 정도 되는 인원이어서 일대일 소개팅 같은 어색함 없이 가볍게 술도 마시는 자리였죠. 술자리는 나름 괜찮았지만 소개팅남이 마음에 들지는 않았습니다. 개인적인 감정은 없었지만 그 친구에 대한 제 마음이 정리되지 않은 상태라, 콩밭에 가 있는 마음에 누굴 들일 수 있었겠어요? 서로의 접점을 찾아내서 대화를 이어나가려고 노력해도 잘 될까 말까 하는 것이 소개팅인데, 상대에게 전혀 집중할 수 없는 마음으로 호감이 생길 턱이 없죠. 반 포기 상태였던 저는 이 만남을 마지막으로 '소개팅남과 다시 볼 일은 없겠구나' 싶었고, 그저 지인들과 함께 그 자리를 적당히 즐기고 끝내자는 마음이었습니다.

그런데 술자리가 무르익어 갈 때쯤 정말 어이없는 일이 벌어졌어요. 그 친구가 자기 지인과 함께 그 식당에 들어온 거예요. 제가 자기를 잊으려고 소개팅하는 그 장소에 말이죠. 저는 그 친구와 가볍게 인사를 했고 아무렇지 않은 척 행동했지만 이미 제 멘탈은 이미 산산조각 나버렸습니다.

그때부터 저는 술을 마구 들이키기 시작했어요. 눈치도 없는 그 친구는 하필 제일 잘 보이는 자리에 앉아서 제 속을 뒤집어 놓았고, 더욱더 소개팅에 집중할 수가 없었습니다. 아주 복잡한 감정들이 알코올과 함께 저를 휘감았죠. 그렇게 취기가 한참 오른 저는 갑자기 어떤 다짐을 하게 됩니다. '오늘 꼭 고백을 하고 말리라. 이 자리가 파하면 그 친구에게 고백하러 가겠다'라고요. 그 친구의 집이 식당과 가까웠거든요. 미친 거죠. 과도한 음주는 이렇게 사람을 망칩니다.

그런데 자리가 파하고 바로 그 친구의 집으로 달려가려는 저에게 예상치 못한 복병이 생겼습니다. 소개팅남이요. 밤늦

게 자리가 파한 터라 그는 제가 안전하게 버스 타는 걸 보고 가겠다고 고집을 부렸습니다. 원래는 버스 타는 척 버스정류장에서 헤어지고 그 친구의 집으로 달려가려고 했는데, 계획에 차질이 생겨버렸죠. 저의 집으로 가는 버스는 그 친구의 집과 완전 반대 방향이었거든요. 제가 괜찮다고 수없이 거절했지만 소개팅남은 매너인지 뭔지 모를 매우 불필요한 호의를 고집하며 저를 놓아주지 않았고, 결국 저는 집에 가는 버스에 올랐습니다.

버스에 몸을 실은 저는 바로 다음 정거장에서 내려 빨리 걸어가야겠다 생각하고, 어떻게 고백할까 이런저런 고민을 하던 중에 그만 세 정거장이나 지나쳐 버렸습니다. 밤이 늦어 반대로 가는 버스를 바로 잡을 수도 없는 상황이어서 그먼 거리를 터덜터덜 되돌아 걸어갔습니다. 가는 길에 강 위 대교를 걷고 있는데 갑자기 비가 오더군요. 참나……. 할 수 없이 버스를 타야 했던 상황에다 세 정거장이나 지나쳐 한참을 걸어야 했던 것도 서러운데, 제 고백을 얼마나 더 다이내믹하게 만들어주려고 비까지 온단 말입니까? 저는 추적추적 비를 맞으며 그 친구의 집으로 향했어요. 그땐 술에 취해 우산을 살 정신도 없었던 것 같습니다. 지금 생각하면 청승도 그런 청승이 없었죠.

목적지에 도착한 저는 그 친구에게 집 앞에서 보자는 문자를 남겼습니다. 그 친구나 저나 올빼미족이라 평소에 늦게까지 연락한 적이 많아서 그날도 당연히 깨어있을 것이라고 확신했어요. 하지만 아무런 답이 없었고, 기다리던 저는 결국 전화를 걸었습니다. 제 예상과는 다르게 그가 막 잠에서 깬 부스스한 목소리로 전화를 받더군요. 할 말이 있으니까 나왔으면 좋겠다고 했지만 그 친구는 뭐라 뭐라 얼버무리면서 나오지 않으려 했고, 저는 그 뭐라 뭐라를 귓등으로 듣고는 나올 때까지 기다리겠다고 했습니다.

그치만 역시나 시간이 지나도 그 친구는 나오지 않더군요. 저는 비를 맞으면서 '30분만 더 기다리자, 그래도 나오지 않으면 깔끔하게 정리하고 집에 가자'고 다짐했어요.

그런데 처량하게 비를 맞고 있던 저에게 어떤 외국인 남자가 갑자기 다가오는 게 아니겠어요? 믿으실지 모르겠지만 그 남자는 저에게 왜 비를 맞고 있냐며 자기가 쓰고 있던 우산을 줘버리고 뛰어가더라고요. 비를 뚫고 뛰어가던 그 뒷모습이 어찌나 스윗하던지……. 심지어 잘생기기까지 했는데, 그냥 그 남자랑 잘해볼걸 그랬나 봐요. 무슨 이런 로맨틱 코미디 영화에서나 나올 법한 상황들이 두서없이 쏟아진단 말입니까?

순간 놀라움과 고마움과 당황스러움이 떼로 밀려오면서 제 모습이 더 처량하게 느껴졌어요. 스멀스멀 기어 나오는 절망감을 꾸역꾸역 밀어 넣으며 저는 결국 기다리기로 했던 30분을 다 채워버렸습니다. 끝끝내 나오지 않은 그 친구가 야속했지만, 이 정도면 할 만큼 했다 싶어 깨끗이 포기하고 집으로 돌아갔어요. 비 오던 날 저의 고백은 그렇게 실패로 끝이 났습니다.

그 후 많은 시간이 지나 그 친구에 대한 감정이 사라지고, 다른 사람도 만나고 이런저런 일들을 겪었지요. 그리고 참 재밌게도 그 친구는 저의 베프와 썸을 타게 되었습니다. 제 베프는 저의 짝사랑 스토리를 이미 알고 있었고, 그 친구와 사귀기 전 그들의 교제에 대해 제가 정말 괜찮은지 확답을 받고 싶어 했어요. 저는 괜찮다고 했습니다. 믿기 힘들겠지만 정말 그랬거든요. 이미 한때 스쳐간 풋풋한 짝사랑의 추억이었기 때문에 가능했죠.

　대신 이 모든 이야기를 그 친구에게 직접 말해야겠다는 생각이 들었습니다. 그때는 왠지 그렇게 하는 것이 깔끔(?)하다고 생각했던 것 같아요. 베프도 동의했고요. 그래서 저는 그 친구를 만나 좋아하기 시작한 때부터 고백을 시도했던 일화까지 모두 털어놓는 '고백'을 했습니다. 그 친구는 놀라면서 제 이야기가 매우 영화 같다고 그러더군요. 그 고백을 끝내고 나니 무척 후련해졌고, 저는 그 친구와 제 베프의 앞날을 축복해 줄 수 있었습니다. 저의 고백을 시작으로 그들도 홀가분하게 그들의 사랑을 시작할 수 있었겠죠?

　벚꽃이 만발하는 4월이다. 여의도 윤중로에서 벚꽃보다 사람 구경하기 딱 좋은 계절. '버스커 버스커'의 〈벚꽃 엔딩〉이 돌림노래처럼 여기저기서 들리는 계절이 왔다. 그 노래처럼 연인과 나들이 갈 일 없는 나는 대신 '10cm'의 〈봄이 좋냐??〉의 가사를 곱씹었다.

그렇게 무료한 나날을 보내다 우연히 '사랑의 시작, 고백'을 주제로 하는 아트워크숍의 광고를 보게 되었다. 참가자들의 사연을 미리 받아 구성하는 행사였다. 앞서 말한 이야기는 그렇게 해서 보내게 된 사연이다. 남들과는 다른 이야기를 해보고 싶었다. '실패한 고백'에 대해 '고백'하는 이야기. 나의 사랑이 시작되는 고백이 아니라 나의 고백으로 다른 이의 사랑이 시작되었던 고백 이야기.

나는 주로 이어질 것 같지 않은 사람에게 고백을 하는 쪽이었고, 이어질 것 같은 사람에게는 고백을 유도하는 쪽이었다. 짝사랑을 할 때면 곧 죽어도 고백을 하는 편이었는데, 무엇보다 후회 없이 모든 걸 다 시도해 봤다는 자기만족을 얻기 위해서였다. 그래야지만 빨리, 그리고 미련 없이 짝사랑을 털어내 버릴 수 있었다.

나는 사랑받고 싶은 욕구가 매우 강한 사람이기 때문에 짝사랑을 오래하지 못하는 축에 속했다. 눈치는 또 더럽게 빨라 대부분의 짝사랑은 시작부터 가망이 없을 거라는 촉이

왔으므로, 열렬히 짝사랑한 후 어서 빨리 고백의 종착역으로 달려가야만 했다. 거절당할 것이란 걸 알면서도 고백의 후련함 내지는 '잘했어. 할 만큼 한 거야'라며 스스로에게 하이파이브를 날릴 때의 대견함에 중독됐던 것인지도 모르겠다. 지금 와서 돌이켜보면 나의 고백을 받는 상대의 부담감은 전혀 고려하지 않은 것 같아 좀 미안한 것 같기도 하니 적지 않은 피해자 분들께 심심한 사과를 전한다.

우연히 알게 된 이 아트워크숍에 보낸 사연을 쓰면서 학창 시절 라디오 사연을 보내는 기분과 비슷한 것을 느꼈다. 그 시절 나의 목적은 사연이 뽑혀 방송을 타는 것이었으므로 (그리고 상품을 타는 것) 최대한 재미있게 쓰려 노력했었다. 이번에도 마찬가지로 흥미로운 이야기를 써야 뽑힐 것 같아서 나의 고백의 역사 중 제일 다이내믹한 것을 골랐다. 사람들 속에서 내가 쓴 글이 읽히는 것은 매우 색다른 경험이었다. 아주 잠시 동안 흥미로운 이야기보다 많은 사람들이 공감할 법한 사연을 쓸걸 그랬나 하는 생각도 들었지만 듣는 이들이 나름 재미있어 하는 것 같아 그걸로 되었다.

생각해 보니 사연 속의 고백이 마지막 고백이었던 것 같다. 그 후로는 고백이라는 것을 해본 적이 없다. 어디선가 읽었는데 나이가 들면 고백을 하는 게 아니라 꼬셔야 한다고 했다. 그런데 꼬시고 자시고 그냥 나이만 들었네?

이름 풀이

어갈림 : 아주 상당히 많이 엇갈림.

| 5 |
| 월 |
| 의 |
| 남 |
| 자 |

이름 。채팔희
_____

나이 。30
_____

직업 。작가
_____

처음 만난 곳 。홍대 근처 독립책방
_____

조급해질 수도,
그러다 찌질해질 수도

봄의 싱그러움이 가득한 5월이다. 파릇파릇한 녹음이 우거지고 하늘은 구름 한 점 없이 맑게 빛나고 있다. 연인과 한강에서 돗자리 펴고 늘어지게 낮잠이나 때리고 싶은 그런 날이다. 우리 집엔 돗자리도 있고, 시원한 맥주 몇 캔은 거뜬히 담을 만한 쿨러백도 있는데, 가장 중요한 준비물인 애인이 없지! 하하하하!!! 그래서 한강에 놀러가는 대신 책방에 놀러가기로 했다(?)

조금은 뜬금없지만 나는 요즘 독립출판물의 매력에 푹 빠져있다. 책은 어떤 고퀄리티의 정보를 전달하거나 문학적 작품성이 돋보여야만 돈 주고 살 가치가 있다고 여겼던 나에게 독립출판 서적들은 신선한 충격으로 다가왔다. 참신한 소재와 무궁무진한 아이디어를 거침없이 글, 그림 또는 사진으로 옮기는 이들. 그리고 이 모든 것을 홀로 창작해 내는 일이 굉장하게 느껴졌다. 그래서 한동안 독립책방 탐방을 해보기로 마음먹었다.

주말에 홍대 근처에 있는 책방 한 곳을 갔다. 열 평 남짓한 작은 공간에 옹기종기 모여 있는 책들이 참 정겨웠다. 은은하게 나는 종이 냄새와 쇼윈도의 따뜻한 볕이 주는 책방의 고즈넉함을 참 좋아한다. 한 권 한 권 재밌어 보이는 책들을 주의 깊게 열어봤다. 알지 못하는 타인의 생각을 읽는 시간은 삶에 또 다른 재미를 준다. 나는 보통 책방 구석구석 최대한 많은 책을 훑어보는 것을 좋아하는데, 갈피를 못 잡고 있다고 느꼈는지 직원으로 보이는 사람이 대뜸 말을 걸어왔다.

"책 추천해 드릴까요?"

"네?"

"이 책 재밌어요. 한번 읽어보세요."

다짜고짜 책을 들이미는 판국에 거절이랄 것도 없이 나는 그 책을 받아 들었다. 훑어보니 사랑과 사람과 인생에 관한 단상집 같은 것이었다. 문체가 매우 담백하면서도 지루할 틈이 없었다. 언어를 갖고 놀 줄 아는 사람이 쓴 글이었다. 화려하지는 않지만 단단한 기교가 있었다. 담담하게 서술하다가 이내 개그 본능을 참지 못하고 위트 있는 문장들을 하나씩 하나씩 던지는 글이었다. 마음에 들었다. 방금 추천해 준 직원에게 책을 내밀었다.

"이 책 계산해 주세요."

"저 직원 아닌데요?"(엄청 웃는다)

"네?? 아니 그럼……."(너 뭐세요??)

알고 보니 그는 자기 책을 입고하러 온 독립출판 작가였다. 그가 건네준 책은 본인의 것이었고……. 자기 책을 아무렇지도 않게 추천하는 그 뻔뻔함에 박수라도 쳐주고 싶었다. 대단한 자신감이었다. 진짜 직원에게 계산을 하고 책방을 나와 어쩌다 보니 그와 같이 걷게 되었다. 그는 직장에 다니면서 간간이 독립출판물을 만든다고 했다. 이번이 세 번째 책이었고, 나름 이 바닥에서는 이름도 알려진 것 같았다. 그는 그의 글만큼이나 위트 있는 사람이었다. 유머러스하면서도 함께하는 공기를 편안하게 만들어주는 힘이 있었다. 야무진 표정만큼이나 당찬 자신감으로 가득한 에너지를 발산하는 사람이었다.

문득 그가 눈으로 내 정수리 언저리를 쓱 훑더니 말했다.

"키가 큰 편이네요."

"키가 큰 편은 아니네요."

"그래서 좋아요. 이만큼 덩칫값만 하면 되잖아요. 키만 커서 덩칫값 못한다는 소리 듣는 것보다 낫지."

"하하하하! 듣고 보니 그러네요."

오? 받아치는 센스가 보통이 아닌데?

예상치 못한 그의 대답에서 뿜어져 나오던 그 당당함이 나는 꽤 마음에 들었다. 화기애애한 분위기로 담소를 나누며 얼마를 더 걷다가 우린 지하철역에서 헤어졌다. 그냥 이렇게 헤어지기엔 매우 아까웠다. 오랜만에 제법 마음에 드는 사람을 만났다는 생각이 들었기 때문이다. 집에 도착하자마자 혹시나 싶어 그의 SNS를 검색해 보았다. 쉽게 찾을 수 있었다. 대부분 그의 글 쓰는 일상에 관한 사진과 글들이 올라와 있었다. 짧막한 글마저 마음에 쏙 들었다. 이번엔 그의 지난 책들을 검색하여 몽땅 주문해 버렸다. 신속한 나의 일처리에 감탄하였다. 이제 그를 좋아할 장비들은 다 준비되었다.

그와 나는 서로의 계정을 팔로우하고 간간이 '좋아요'를 누르거나 짧은 댓글을 남기는 사이, 그 이상도 이하도 아니었다. 그의 SNS와 책들을 탐독하며 며칠을 보냈다. 그럴수록 그가 너무 내 타입이라는 것이 더 선명해져만 갔다. 이렇게 나타난 사람을 또 스치는 인연으로 흘려보내야만 하는가 못내 아쉬웠다. 한편으로는 이런 나의 마음이 그를 제대로 만났을 때 시들해져 버릴까 봐 두렵기도 했다. 이런 내적 갈등을 며칠 동안 반복하다가 용기를 내어 그에게 DM을 보냈다.

혹시 바쁠 예정인가요?
이번 주 토요일에 한가했으면 좋겠는데…

채팔희

안녕하세요. 그날은 선약이 있네요~
일요일은 어떠세요~?

그날도 괜찮아요~
시간은 언제가 좋으세요?

채팔희

저녁 6시 정도?
장소는 편하신 곳으로 제가 갈게요.

서촌 괜찮으세요?
경복궁역에서 뵐까요?

채팔희

네 그래요.
이건 제 번호예요. 010-xxxx-xxxx

갑작스러운 제안이었을 텐데도 그가 흔쾌히 승낙해 조금
놀라웠다. 그의 번호를 저장한 후 대화는 카톡으로 넘어왔다.

첫 번째 데이트는 매우 성공적이었다. 같이 있는 내내 서
로 웃음이 끊이질 않았다. 개그 코드와 지적 싱크로율이 적
절하게 잘 맞는 것 같았다. 우리는 탁구를 치듯 서로의 이야
기를 잘 받아쳤다. 내가 '핑!' 하면 그가 '퐁!' 하는 대화가 끊
이질 않았다. 그는 나와 동갑이었고 그래서 더 빨리 가까워

질 수 있었다. 우리는 시대적 공감대가 관계에 있어 얼마나 중요한지 열띤 토론을 펼쳤다. 물론 같은 팀으로서 말이다. 그에게 갖고 있던 호감이 실제로 그를 만났을 때 식어버리지 않을까 걱정했던 것은 기우에 그쳤다. 내 마음이 그의 곁으로 몇 발자국은 성큼 다가가 있음을 느낄 수 있었다.

한편으로는 그의 능수능란한 언변에 조금 기가 죽었던 것도 사실이었다. 그는 무슨 말을 하든 당당함 그 자체였다. 자존감이 높은 사람을 만나고 싶었는데, 막상 그런 상대가 나타나니 살짝 주눅이 들었다. 내가 감당할 수 있는 사람일지 의구심이 들었다. 그의 당찬 모습은 '저 사람에게 결핍이란 존재할까'라는 의문이 들 정도였다.

나는 대체로 나를 필요로 하는 사람에게 빠져들곤 했었다. 결핍을 채워주고 싶고, 그 결핍을 채워주는 것이 내가 될 수 있을 거라는 느낌을 받으면 속수무책으로 상대에게 빠져들고 말았다. 한참이 지나서야 그것은 나만의 착각이었음을 인지했다. 나 아니면 안 될 것이라는 착각 말이다. 일종의 동정으로 시작한 사랑은 상대도 나도 위험에 빠뜨리곤 했다. 연인 사이에서의 연민은 결코 큰 사랑이 될 수 없었다. 그럼에도 불구하고 그는 과연 나를 필요로 하는 사람일까 궁금해졌다. '아무나'가 필요한 사람 말고 '내'가 필요한 사람이었으면 했다.

우리는 종종 연락하는 사이가 되었다. 썸을 탄다고 보면 되겠다. 그러던 어느 날 통화중에 했던 그의 한마디가 이미 그에게 많이 기울어 있던 나의 마음을 요동치게 했다.

"있잖아, 내가 결심한 게 있어."

"뭔데?"

"이 통화가 한 시간이 넘어가면 사귀자고 하려고."

"그런 게 어딨어?"

"왜 뭐가 어때서? 누구랑 한 시간 이상 통화한다는 게 보통 일은 아니잖아?"

"그건 그렇지만……."

"사귈래?"

순간 이 갑작스러운 고백을 '어이쿠 감사합니다' 하고 냉

큰 받아먹어야 하는 것인가 재빠르게 고민했다. 몇 초도 안되는 그 찰나에 'yes'인지 'no'인지 엎었다 뒤집었다를 수십 번은 반복했을 것이다.

"싫어."

"왜?"

"이건 좀 아니잖아. 우린 서로에 대해 아직 잘 모르고 또 전화로는 좀……."

"어차피 사귀어 보기 전까지는 시험 치르기 전이랑 똑같아. 아무리 공부 열심히 해봤자 시험 치르기 전까지는 점수를 알 수 없는 거잖아. 안 그래?"

일리가 있는 말이다. 타인과 어떤 밀접한 관계가 되기 전까지는 알 수 없는 것들이 있다. 사귀고 나서조차 상대를 잘 안다고 말할 수 없는데, 하물며 썸 단계에서 알아봤자 뭘 알수 있겠는가. 그래도 이건 좀 이르다. 그의 호감을 확인할 수있어서 열렬히 내적 삼바를 추고 있었지만 나에게는 나름의 철칙이 있다. '사귀자'는 말과 '헤어지자'는 말은 반드시 대면

해서 할 것. 다음 만남 때 그가 또 고백하면 그땐 받아줄 용의가 있다. 아주 충분히 넘치게 오브 콜스of coures 있다.

다음 만남까지 일주일 정도가 남아있었고, 그동안 우린 매일같이 연락했다. 그런데 연락하면 할수록 그와 나의 갭이 수면 위로 조금씩 떠오르는 것을 느꼈다. 평범한 회사원이었던 나와 직장과 작가 일을 병행하던 그는 여러모로 다른 점이 많았다. 그가 작가로서 청탁받은 일에 대해 말하면 나는 도무지 어떻게 공감해 줘야 할지 난감했다. 모르는 세계의 모르는 개념들이 쏟아졌다. 작가라는 그의 직업이 비교적 평범한 나와 그의 거리를 조금씩 벌어지게 하는 요소로 작용했다. 작가라고 다 똑같은 것은 아니겠지만, 소위 '예술 한다'고 자부하는 특정 부류의 그 어떤 '평범하지 않음'의 표상 같은 걸 느꼈다고 해야 하나. 그를 좋아하는 감정과는 별개로 현실의 간극이 드러나자 내 마음은 불편해지고 또 조급해졌다.

그래서였는지 일주일이 너무도 길게만 느껴졌다. 어서 그를 만나 눈을 보고 얘기하고 싶었다. 서로의 표정과 기운과 제스처를 보고 대화한다면 내가 느꼈던 그와의 거리가 좁혀질 것만 같았다. 그래서 토요일 약속을 평일 저녁으로 당겨

보려 몇 번을 시도해 보았다. 그도 자기 스케줄이 있을 텐데 이를 간과했던 나는 모든 제안을 거절당했다. 그의 거절에 나의 조급함을 들키진 않았을까 하는 불안감이 엄습해왔다.

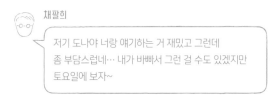

채팔희

저기 도나야 너랑 얘기하는 거 재밌고 그런데
좀 부담스럽네… 내가 바빠서 그런 걸 수도 있겠지만
토요일에 보자~

여러 번 약속을 앞당기려 했더니 결국 이런 말이 돌아왔다. 역시나 그랬다. 나의 조급함이 그를 부담스럽게 만들었을 것이다. 누군가가 좋아지면 앞뒤 재지 않고 내달리는 나의 마음은 상대의 속도를 조금은 고려할 필요가 있었다. 누구든 상대보다 더 무거워지거나 빨라지면 망하는 눈치 게임 같은 것이었다. 적어도 썸 단계의 남녀 관계란 그랬다. 나는 가끔 그 룰을 보지 못할 때가 있었다. 그 가끔이라는 것은 대개 상대에게 푹 빠져있을 때인데, 그가 그만큼 마음에 들었다는 소리다. 룰 따위는 눈에 보이지 않을 만큼.

그 이후로 우리는 침묵을 유지했다. 아무도 어떤 연락도 하지 않았다. 이번 달에도 망한 게 분명하다. 나는 마치 사형 집행일을 받아 놓은 죄수같이 그의 연락을 기다린 것도, 기다리지 않는 것도 아니었다. 그러다 만나기로 한 날을 하루 앞두고 그에게서 먼저 연락이 왔다.

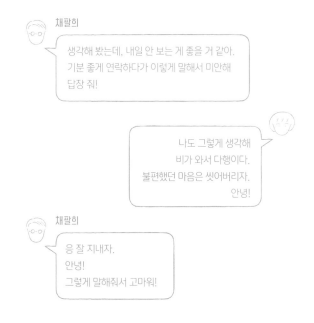

채팔희
생각해 봤는데, 내일 안 보는 게 좋을 거 같아.
기분 좋게 연락하다가 이렇게 말해서 미안해
답장 줘!

나도 그렇게 생각해
비가 와서 다행이다.
불편했던 마음은 씻어버리자.
안녕!

채팔희
응 잘 지내자.
안녕!
그렇게 말해줘서 고마워!

그렇게 5월의 남자가 속절없이 떠나갔다. 부담스럽다는 말을 들었을 때 이미 이 관계를 정리하는 게 좋겠다고 생각했다. 누군가에게 부담스러운 존재가 되는 것이 싫었다. 특히 내가 좋아하는 사람에게 부담스러운 사람이 된다는 것은 죽기보다 더 싫었다. '불편했던 마음은 다 씻어버리자'라는 말은 진심이었다. 서로가 짧은 기간에 스쳤을 뿐인 사람이겠지만, 부담스럽고 이상한 사람으로 기억될 바에야 내 기억을 씻어버리길, 차라리 아예 없었던 존재가 되고 싶었다.

매 순간 쿨한 척했지만 누군가를 좋아하는 건 매 순간이 찌질해지는 일이다. 세상엔 쿨해지지 말아야 하는 것도 있는 법이라고 스스로를 위로해 보지만, 찌질한 내 모습으로부터 밀려드는 자괴감은 쉽게 사라지지 않았다. 이놈의 조급증만이라도 감출 수 있으면 좋으련만, 조금은 덜 휘둘리면 좋으련만, 조금은 덜 아쉬우면 좋으련만. 왜 나는 이 모든 게 이리도 어려운 것인가. 조금 더 어른이 되면 쉬워질 날이 오려나.

5월의 기억들은 내리는 이 봄비에 모조리 씻어버리도록 하자. 당신도 그랬으면 좋겠네.

이름 풀이

채팔희 : 책방 직원도 아니면서 자기 책을 파는 책팔이.

6
월
의
남
자

이름 。 구남진
_____

나이 。 31
_____

직업 。 교사
_____

다시 만난 곳 。 을지로
_____

사랑을 했다~
잘, 했, 다,

여름이 빼꼼히 기지개를 켜려 준비하는 6월이다. 옷장에 있던 여름옷을 꺼내 다시 정리하고 창고에 묵혀 뒀던 선풍기를 꺼내 먼지를 닦는 계절이다. 날이 슬슬 더워지려고 하니 매일 밤 시원한 맥주 한잔이 그토록 그리웠다. 그래서 오랜만에 친구 J와 을지로에 가기로 했다.

새로운 핫 플레이스라고 소문이 자자한 을지로. B급 감성과 90년대 향수가 가득한 곳이다. 요즘엔 이런 곳에서 놀아야 '힙스터'라고 불린다 해서 J와 오늘 하루는 을지로 힙스터가 되어보기로 했다. 맥주를 마시러 간 곳은 '만선호프'라는 곳이었다. 을지로3가역을 나와 후미진 골목으로 접어들면 호프집들이 길게 늘어서 있다. 특이한 점은 호프집 앞부터 골목 안쪽까지 노상 테이블이 곳곳에 깔려 있다는 것이다. 어디까지가 영업 구역이고, 어디까지가 길목인지 그 경계가 모호했다. 빨갛고 파란 플라스틱 간이 테이블에는 이미 사람들로 북새통을 이루고 있었다. 정신없고 분주한 도떼기 시장 같은 느낌에서 왠지 모를 활기가 넘쳐나는 곳이었다.

우리는 노상 테이블 한 자리를 차지하고 마늘치킨 한 마리와 맥주 500cc 한 잔씩을 시켰다. 값도 굉장히 싸서 기분이 좋았다. 오랜만에 만난 J와 지난 안부를 묻고 호프집이 떠나가도록 깔깔거리며 수다를 떨었다. 얼마나 지났을까. 정신없이 치킨을 뜯던 나는 순간 못 볼 것을 보고야 말았다. 을지로가 떠나갈 듯한 웃음소리도 쏙 들어갔다. 다섯 테이블 정도 앞에 그가 앉아있었기 때문이다. 눈을 비비고 다시 봐도 그가 맞았다.

그는 내가 가장 최근에 헤어진 전 애인이었다. 그를 여기서 만나다니……. 간담이 서늘해져 팔뚝에 닭살이 돋았다. 치킨을 뜯고 있어서 닭살이 난 것이 아니다. 그는 나에게 죽은 사람이나 다름없었으므로 귀신을 본 것과 같은 착각을 불러일으켰다. 서울 한복판에서 아는 사람을 예고 없이 마주치는 일도 하늘의 별 따기인데 왜 하필 그를 이렇게 만나느냔 말이다.

　나는 그와 헤어지고 꽤 오래 힘들었다. 하루아침에 나를 둘러싼 모든 것이 무너진 느낌을 그때 처음 경험했다. 한동안 밥도 잘 먹지 못했고 웃지도 않았다. 그토록 힘들게 잊었던 사람이고, 그토록 힘들게 잊히지 않는 사람이었다. 그 악몽 같던 시간이 기억의 저편에서 해일처럼 밀려오기 시작했다. 팔뚝에 오른 닭살이 채 없어지기도 전에 먹던 닭이 체할 것만 같았다. 이를 꽉 깨물고 복화술로 J에게 말했다.

　"큰을 느뜨. 즈그 느 그늠츤 읏으읐으."(큰일 났다. 저기 내 구남친 앉아있어)

　"뭐라고?"

　"그늠츤!!!"

　"뭐?? 구남친?? 헐!!!"

　"즈응흐 흐르."(조용히 해라)

　"야, 어떡해 미친…… . 웬일이야, 쟤가 여기 왜 있어?"

"느드 플르. 느그 을으?"(나도 몰라. 내가 알아?)

어떻게 하면 좋을지 몰라 속수무책으로 눈치만 보고 있던 찰나, 그와 눈이 마주치고 말았다.

오 마이 갓!!! 하느님 아부지 제발요. 저 좀 살려주세요.
뭐야? 잠깐만……. 왜 일어나? 오지마, 오지마, 오지맛!!!

나와 눈이 마주친 그는 잠시 망설이더니 자리에서 일어나 성큼성큼 걸어오기 시작했다. 저승사자가 다가오는 것만 같았다. 그냥 못 본 척 지나갔으면 하는 바람은 역시 나만의 착각이었다.

"잘 지냈어?"

잘 지냈겠냐? 뭐 이런 바다 진주 sea pearl 같은 말이 다 있어?

"어. 너도 잘 지냈지?"

"응. 친구랑 왔나보네?"

"응. 너도?"

"응. 나도. 흠…… 재밌게 놀다 가."

"그래. 너도."

그는 이렇게 짧은 몇 마디 훅 던지고 자기 자리로 돌아갔다. 그러고는 5분도 채 지나지 않아 일행과 함께 자리를 뜨는 것 같았다. 그는 가볍게 눈인사를 하고는 시야에서 사라졌다. 이럴 거면 그러지 말지……. 이런 식으로 그와 스치는 건 내게 너무 잔인하다.

"저 자식이…… 아니 그냥 못 본 척하면 되지. 별말도 아니면서 굳이 와가지고 너한테 말을 걸어? 야, 나 민망해 죽는 줄 알았어!"

"너가 그랬음 나는 오죽 했겠냐……. 오늘 일진이 사납다."

"아오! 오늘 흥 제대로 올랐는데 완전 찬물 끼얹고 가네."

더 이상 치맥 할 분위기가 아니었다. 그래서 J와 예상보다 일찍 헤어졌다. 맥주고 자시고 힙스터고 나발이고 다 소용없었다. 얼른 어디든 숨어버리고 싶었다. 집에 가서 이불이나 펑펑 차고 침대 매트리스에 주먹질을 오천 번쯤 갈기고 싶었다.

  그토록 사랑하는 사람이 내 생에 또 나타날까 싶은 사람이었다. 영어로는 흔히 'the one'이라고 칭하는 운명 같은 짝이라고 믿었던 사람. 영원히 생을 함께할 줄 알았던 사람. 그렇지만 이젠 가슴에 묻은 사람. 그는 나에게 몹시 아프고 슬픈 사람이었다. 그와 함께했던 때가 주마등처럼 지나갔다. 그를 만나고 그를 사랑하기까지 그리 오래 걸리지 않았던 우리의 시작과 그와의 미래를 상상하기까지 그리 오래 걸리지 않았던 그때를……. 그는 나의 모든 시간을 단축시켰다.
  그에게는 나를 있는 모습 그대로 보여줄 수 있었고, 그도 내 앞에서 만큼은 꾸밈없이 나를 대했다. 아주 오래된 친구처럼, 따뜻한 엄마의 품속처럼 우리는 서로에게서 평안을 찾았다. 죽도 잘 맞아서 우리는 항상 유쾌한 시간을 보냈다. 서로를 골리며 깔깔대기도 하고, 신나는 최신 아이돌 노래의 안무를 같이 따라 하기도 했다. 어디를 가도 무엇을 해도 그와 함께라면 즐거웠다. 그래서였는지 내가 상상했던 나의 모든 미래에는 어디를 가나 무엇을 하나 그가 자리했다.

다만 우리의 연애는 롤러코스터와도 같았다. 쿵짝이 잘 맞을 때는 한없이 즐겁고 행복하기만 하다가 싸우기라도 하는 날에는 지옥이 따로 없었다. 아주 사소한 것들도 전쟁의 불씨를 지폈다. 서로를 많이 아끼고 배려했지만 정작 아주 사소한 말투 하나, 행동 하나에 실망하고 서로를 나무랐다. 싸울 때는 내일이 없을 것처럼, 남보다 못한 사이인 것처럼 죽자 살자 달려들었다. 천국과 지옥을 오가는 연애를 바로 그와 내가 하고 있었다.

나보다 먼저 지친 건 그였다. 롤러코스터가 아무리 재미있다 한들 1년 365일 내내 타면 사람이 견딜 수가 없는 법. 그가 먼저 멀미를 하기 시작했다. 그가 먼저 롤러코스터에서 내리고 싶어 했다. 나와의 연애를 그만하고 싶다고 했다. 사람은 잘 변하지 않는다고, 그만큼 노력했으면 되었다고, 이제 그만 자기를 놓아달라고 했다.

연애가 지속되는 힘은 상대를 '얼마나 사랑하는가' 정도의 문제가 아니라 관계를 유지하려는 의지에서 비롯된다. '우리' 임을 포기하지 않는 의지 말이다. 그의 의지는 나의 것보다 먼저 소진되어 버렸다.

집에 돌아와 지난날을 회상하다 보니 아직도 지우지 못한 그의 전화번호가 문득 떠올랐다. 한참 동안 핸드폰을 만지작 거리다가 생각했다. 나는 이 이름을 누르는 순간 후회할 것 이다. 분명 후회할 것이다. 예상했겠지만 바보같이 나는 그의 이름을 눌러버리고 말았다. 신호가 얼마 가지도 않았는데 내 가 미처 마음을 돌릴 세도 없이 수화기 저편에서 그의 목소 리가 들렸다.

"여보세요?"
"……뭐야? 받네?"
"누구세요?"
"내 번호 지웠어?"
"아, 너구나. 어쩐지 번호가 낯이 익다 했네. 폰 고장 났다고쳐서 번호 다 날렸어."

"그랬구나."

"똥 싸다가 변기에 빠뜨렸잖아. 그래서 엄청 잽싸게 건졌
는데 맛이 갔더라고. 그래도 너가 준 폰 케이스는 잘 씻어서
다시 쓰고 있어. 근데 좀 냄새 나는 것 같기도 하고……."

그의 시시콜콜한 설명에 겉으로는 웃었지만 내 속은 새까
맣게 타들어갔다. 내가 사준 폰 케이스라는 그 케이스는 커
플로 맞춘 것이다. 그걸 아직도 쓰고 있다니, 아니 그걸 아무
렇지도 않게 얘기하다니 헛웃음만 나왔다. 그런 식으로 그는
한 시간을 내리 떠들었다. 겉으로만 보면 어제 봤던 친구처
럼 수다를 떨었다. 그는 나와 연락하지 않았던 그간의 일상
들을 차례로 보고했다. 재미있던 에피소드를 하나하나 꺼내
어 우리가 함께했던 그때처럼 스스럼없이 나누었다. 나는 적
당히 맞장구를 쳐주었지만 남의 속도 모르는 그의 천진난만
함에 오장육부가 다 뒤집어질 것만 같았다. 화제 전환이 필
요했다.

"나 안 보고 싶었어?"

"응……? 별로……."

"그럴 리가 없는데? 연락하고 싶지 않았어?"

"아니?"

"말도 안 돼. 거짓말 하지 마."

"하하하, 자신감 보소."

"나는 솔직히 우리가 왜 못 만나는 건지 아직도 잘 모르겠어. 헤어진 후에도 우리 거의 3개월은 연락 주고받았잖아. 물론 내가 먼저 할 때가 많았지만 너도 먼저 할 때도 있었고……."

"그랬었지. 그래도 우린 다시 못 만나."

"왜? 내가 더 이상 여자로 안 보여?"

"아니…… 그건 아닌데……."

"그럼 안 되는 이유가 뭔데?"

나는 어쩌면 그에게 확답을 듣고 싶었는지도 모른다. 그를 깔끔히 잊을 수 있을 만한 최후의 한 방을 제대로 먹여주기를. 그는 단 한 번도 내가 '싫어졌다'라든가, 나에게 '마음이 없다'라든가, '여자로 보이지 않는다'와 같은 명확한 말을 한 적이 없었다. 그리고 순간순간 내가 포기할 수 없게끔 우리의 옛 추억을 아무렇지도 않게 언급했다. 여지를 준다고 생각했다. 때때로 그는 우리가 함께했던 때를 그리워하는 말도 서슴지 않았다. 그가 그저 매정하게 끊어버리지 못하는 사람일 뿐이라는 것을 잘 알면서도 불쑥불쑥 엿보이는 그 틈바구니에 내 작은 희망의 지푸라기를 이겨 넣고 싶은 간절함을 나는 끝끝내 버리지 못했다. 바보같이……

"나 결혼할 사람 있어."

이게 무슨…… 내가 지금 무슨 소릴 들은 거지?
쩝도 없이 바로 어퍼컷? 제대로 한 방이네. KO다.

"뭐라고? 그게 무슨 소리야?"
"2월부터 만났어."
"2월? 그런데 무슨 벌써 결혼이야? 너 원래 나 만나기 전까지는 결혼 생각도 없었잖아."

"그러게⋯⋯. 그런데 하고 싶어졌네."

"장난치지 말고."

"한 일 년 정도 만나보고 괜찮으면 내년에 결혼하려고⋯⋯. 미안한데 나 지금 친구 만나러 와서 끊어야 되거든?"

"아⋯⋯ 알았어."

"그래. 잘 지내."

그렇게 어이없이 전화는 끊겼다. 처음엔 어안이 벙벙해서 아무 생각도 들지 않았다. 그의 말을 도저히 믿을 수가 없었다. 아니, 믿고 자시고를 떠나서 이런 얘기까지 들으려 했던 것은 아니었다.

미친 거 아니야? 이건 너무 TMI잖아⋯⋯.

한동안 멍하게 허공을 응시하고 있다가 갑자기 차오르는 슬픔을 가눌 곳이 없어 J에게 전화를 걸었다. "여보세요?" 하는 J의 목소리를 듣자마자 나는 그만 와르르 무너져 대성통곡했다. 그렇게 서럽게 운 적이 얼마만인지 기억조차 나지 않았다. J가 울고 있는 나 대신 이 세상 모든 쌍욕이란 쌍욕은 다 긁어모아 그를 신랄하게 까주었다. 분하고 원통했다. 역시 아름다운 이별 따위는 없는 거였다.

처음에는 아무리 헤어졌다고 해도 이건 예의가 아니라고 생각했다. 만나는 사람이 있었다면, 한 시간이 넘게 수다를 떨 것이 아니라 나인 것을 확인하자마자 전화를 끊었어야 한 거 아니냐며 그를 지독히 원망했다. J와의 길고 긴 통화 끝에 가까스로 평정심을 찾고 나니 더 큰 후회가 밀려왔다. 돌이켜 보면 애초에 그에게 전화한 나의 손가락이 죄였다. 아직도 그를 잊지 못하고 있던 내가 구질구질한 거다. 다 내 탓이었다. 전부 다.

한때 그가 내 인생의 전부라 믿었다. 누군가가 인생의 종착역이라고 믿는 사랑은 이토록 위험하다. 그와의 연애가 지속되었다 한들 관계와는 별개로 내 인생은 계속되는 것일 텐데…… 그를 나의 미래로 설정해 놓았기 때문에 그가 사라진 이후의 나는 처참하게 무너졌었다. 미래를 잃었다고 생각했다. 사람이, 타인이 나의 미래가 되어서는 안 되는 것이었다. 미래를 되찾을 심산이었던가. 나의 말도 안 되는 억지에 그와의 마지막마저 이렇게 난장판이 되어버렸다.

　사람이 사람을 가질 수 없음을, 사람이 사람의 미래가 될 수 없음을 가슴에 새겨야 한다. 나는 어쩌면 내 안의 문제는 덮어버리고 사랑에서 해답을 찾으려고, 인생의 의미를 찾으려고, 미래를 찾으려고 했던 것이 아닐까. 나의 인생은 오롯이 나의 것이고, 내가 중심이 되어야 하는데 말이다. 나 혼자서도 삶을 잘 꾸려 나갈 수 있고, 그 누구도 아닌 나 자신의 미래가 그려질 때 비로소 타인과도 건강한 삶을 함께할 수 있을 것이다. 이 믿음만큼은 나를 배신하지 않기를. 이 믿음이 실현됐을 때, 누군가와 성숙한 사랑을 할 수 있기를.

❯❯—♥

　을지로 재회 사건이 일어난 지 약 1년이 지난 어느 날, 실제로 그가 결혼한다는 소식을 들었다. 처음엔 너무 놀라서 몸속의 장기가 잠시 철렁 내려앉는 것 같았다. 내 인생의 일부를 차지하고 있던 한 시대의 막이 내려지는 기분이었다.

드디어, 마침내……. 어쩌면 내심 기다린 결말이어서 매우 홀가분하기도 했다. 슬픈 건 아닌데 혀끝에 살짝 쓴맛이 도는 느낌이기도 했다. 그리고 어느 소설 속 절정 부분에 놓인 것 같았다가 어느 드라마의 작은 해프닝 같기도 했다. 그만큼 현실감이 없었다. 그러다 종국에는 조금 배가 고팠다. 속이 허한 것이다. 한두 시간 정도 나의 의식은 그렇게 정처 없이 부유하다 이내 이너피스inner peace를 찾았다. (합장하며) 나마스테.

나는 여태껏 지나간 애인들이 '행복하게 잘 살길' 바란 적 없고, '그냥 살길' 바랐다, 죽지 않고……. 그런데 그는 진정으로 행복하게 잘 살길 바란다. '행복'이란 너무 추상적인 개념이어서 뜬구름을 좇는 것 같지만, 어찌 됐건 그것과 가장 이상적으로 근접한 삶을 살아가길 바란다. 인간의 삶에서 가장 긍정적인 부분만 최대치로 모여 그에게 벌어지길 바란다. 과거에 그가 헤쳐 온 온갖 역경과 고단한 삶을 잘 안다. 그리고 거기에 우리의 연애도 한몫했었고……. 그래서 이제는 그가 온전히 평온하기만을 바란다.

이것은 뼈 없는 말이며, 순수한 바람이다. 인간은 때때로 사심 없는 호의적 태도가 가능하기도 한데 나에겐 그 때가 지금인 것 같다. 그가 진짜 그 사람과 결혼할 줄 몰랐는데, 나에게 이런 마음 상태가 가능한 날이 올 줄도 전혀 몰랐다. 이런 날도 기어이 오는구나. 인생은 예상할 수 없는 곳으로 흘러가다 예기치 못한 때에 나를 성장하게 한다. 눈치 채셨나? 맞다, 이런 내가 좀 대견하고 기특해서 칭찬해 주고 싶은 거. 오늘 나는 이렇게 인생 레벨 성숙도 +1을 획득했다.

이름 풀이

구남진 : 구남친. 성이 전 씨여도 무방함.

7
월
의
남
자

LV 30

이름 。 윤두영

나이 。 21

직업 。 카페 알바생

처음 만난 곳 。 회사 근처 카페

누난
네 여자(가 아니라)니까

벌써 한 해의 반이 지난 7월이라니 믿을 수가 없다. 나의 서른은 시간만 축내다 이렇게 '나 잡아봐라' 약을 올리며 홀 러덩홀러덩 도망가 버릴 심산인가 보다. 시간 혼자만 여름의 활력을 얻어 갓 잡은 활어처럼 힘차게 팔딱거리는 느낌이다. 시각적으로는 푸르른 녹음과 일렁이는 파도 따위의 에너지 가 느껴지는 계절이라지만, 피부로 와닿는 한여름의 무게는 그저 버겁기만 한데 말이다. 공기가 머금은 수분이 솜털 하 나하나에 죄다 느껴져 축축하기도 하고 축축 처지기도 해서 야외 활동은 엄두도 내기 싫은 무거운 계절이다.

워낙 몸에 열이 많은 체질이라 매년 여름을 버텨내기가 여간 힘든 게 아니다. 이 계절을 견뎌내기 위해 거의 습관적으로 하는 나의 소소하지만 확실한 중독은, 매일 회사 점심 시간을 틈타 아이스 아메리카노 한잔 때리는 일이다. 열도 식힐 겸, 카페인을 보충해 식곤증도 해치울 겸 매일 거르지 않는 나의 신성한 식후 의식 행위다. 회사 탕비실엔 아이스 커피믹스와 얼음도 있지만, 나는 꼭 한 블록 떨어진 작은 카페에 가서 커피를 사 먹는다. 도무지 혼자 있을 틈이 없는 회사에서 단 10분만이라도 오롯이 나만의 시간을 갖고 싶다는 욕심 때문에 빠듯한 점심시간임에도 불구하고 이 번거로운 부지런을 떠는 것이다.

평일 5일은 매일 같은 시간 그 카페로 출근 도장을 찍다 보니 카페 사장님 그리고 알바생과 안면을 텄다. 여기서 주목해야 할 사람은 나와 동년배인 듯한 카페 사장님이 아니라 나보다 열 살은 어려 보이는(알고 보니 아홉 살 어렸지만, 어제 태어난 거나, 엊그제 태어난 거나 마찬가지다) 알바생 청년이다.

이제 갓 성인이 된 것인지 아직도 소년티가 역력한 이 친구는 카페 사장님에게도 손님들에게도 한 예쁨받는 인물이다. 말 한마디 한마디를 어쩜 그리 예쁘게 하는지 듣는 사람의 하루를 즐겁게 만들 만큼 타인을 기분 좋게 하는 힘이 있었다. 그가 하는 예쁜 말이란 어떠한 사심도, 숨은 의도도 없이 말 자체에 순수한 마음을 담아 전하는 유리구슬 같은 예쁨이었다. 티 없이 맑은 마음을 온전히 전하는 비결이 대체 무엇일까 싶은데, 아마 그의 천진난만한 눈웃음도 한몫하는 듯했다.

"하이고, 젊은 청년이 참 어쩜 그렇게 말을 예쁘게 해? 내가 딸만 있었어도 사위 삼는 건데 아주!"

내 앞에서 커피를 주문하던 단골로 보이는 중년의 아주머니께서 호탕하게 웃으며 칭찬을 아끼지 않았다. 그의 어떤 말이 저런 반응을 불러일으키는지 잘 모르겠으나, 멘트가 중요하다기보다는 그 사람의 아우라가 그랬다. 아주 사소한 것이라도 상대에 대해 긍정적인 부분을 찾아내려는 세심함, 그리고 칭찬일지라도 자칫 경솔해질 수도 있는 어떠한 선을 정확히 아는 분별력, 더불어 듣는 사람을 무장해제시키는 선한 기운이 뒷받침됐다.

"주문하시겠어요?"

"아이스 아메리카노……."

"산미 없는 원두로 시럽 한 번, 얼음 반만. 맞죠?"

"맞아요."

"다음부터는 번거로우시지 않게 먹던 걸로 달라고 하셔도
돼요. 제가 다 기억해요."

"아…… 네, 고마워요."

"뭘요. 근데 오늘 좋은 일 있으신가 보다. 기분 좋아 보이
세요."

따로 좋은 일이 있는 건 아니고 네 덕분에 기분이 좋고요!

너는 진짜 어딜 가도 굶어 죽진 않으시겠어요.

이렇게 소소하지만 사려 깊은 말 한마디가 쌓이고 쌓여
그를 더 빛나게 하는 것이 아닌가 싶다. 그의 상냥함은 그다
음 날도 그다다음 날도 계속되었다. 적당한 거리를 두고 이
정도쯤은 아무것도 아니라는 듯이, 하지만 무심함으로 툭 뱉
어내는 것이 아니라 자신의 밝음을 아낌없이 나눠준다는 듯

이 한마디 한마디 적당한 진심을 담아내고 있었다. 언제부턴가 커피를 주문하면서 오늘은 그가 무슨 말을 할까 기대하기 시작했다면 내가 좀 이상한 걸까?

"날이 화창하네요. 오늘 슈퍼문 뜬다던데 잘 보일 것 같아요. 꼭 보세요!"

어느 날은 이런 밑도 끝도 없이 생뚱맞고 낭만에 젖은 말을 하는데도 오글거린다거나 이상하다는 생각이 전혀 들지 않았다. 그는 그런 사람이었다.

하루에 한 번 마주치는 타인이 전하는 작은 친절이 그날의 기분을 즐겁게 만들어주는 일은 의외로 쉽게 오지 않는다. 한편으로 나는 얼마나 삭막하게 살아가고 있길래 겨우 이런 말 한마디에 내 안에 잠든 긍정의 기운이 살아나는 것인가 싶기도 했다. 한동안 그렇게 좋은 기운을 받다 보니 내가 너무 받기만 하는 것은 아닌가 하는 생각까지 들기 시작했다. 나도 그런 기분 좋은 말 한마디 잘할 수 있는 사람이면 좋겠는데, 어느 날 내가 건넸던 말이라고는 고작 이 정도였다.

"힘들지 않아요? 매일 일하는 것 같던데."

"별로 안 힘들어요! 사장님도 잘해주시구, 주말엔 쉬는데요, 뭘⋯⋯. 저보다는 손님이 힘들지 않으세요?"

"직장인이 다 그렇죠 뭐⋯⋯."

"잘은 모르지만 매일 점심시간쯤에 오시잖아요. 뭐랄까, 바쁜 틈에 한숨 돌리러 오시는 것 같아서요. 그래서 제가 커피 맛있게 타드리려고 노력하고 있어요!"

크⋯⋯ 좋은 말을 해주려다 오히려 내가 당해버렸다. 너는 나의 고단함을 싸그리 날려버릴 만한 말들을 어쩜 그리도 쉽게 만들어내는 것인가. 예쁜 말하기 학원이라도 다니세요? 비법전수 좀?

한번은 점심시간을 놓치고 퇴근 후 방문한 적이 있었는데, 그가 평소보다 나를 빤히 쳐다보는 게 느껴졌다. 진지한 표정으로 무언가를 고심하는 얼굴이 슬로모션으로 줌인 되어 내 시야로 들어왔다. 잠시 뜸을 들이던 그가 아주 조심스럽게 운을 떼었다.

"손님! 저…… 혹시 괜찮으시면 사적인 말 해도 될까요?"

항상 어느 정도의 선을 지켜 나를 대하던 그가 갑자기 사적인 바운더리를 넘어도 되느냐 물었다. 대체 어떤 사적인 말일까 머릿속에서 수십 가지의 생각이 유성우처럼 우수수 떨어졌다. 그는 여전히 '이런 질문을 해도 되나' 하는 표정으로 고민에 고민을 거듭하는 듯 보였다.

"뭔데요?"
"혹시 오늘 퇴근하고 약속 있으세요?

뭐지? 나랑 약속을 만들려고 시동을 거는 건가? 이 급작스러운 전개가 혹시 (드디어) 너와 내가 주인공인 로코물의 시작인 것인가? 조금 당혹스럽기도 하고 부담스럽기도 하면서 은근 기대 반 긴장 반, 반반 치킨 모드였는데,

"오늘따라 되게 예쁘신 거 같아서요. 약속 있으신 줄 알았어요."

이런 말을 하는 것이었다. 제발 관심 좀 꺼줬으면 하는 팀장님이 퇴근하는 나에게 '오우! 도나 씨, 오늘 화장했네? 데이트하나 봐?' 하고 능글맞은 헛소리를 할 때와는 전혀 다른 느낌이었다. 같은 내용의 말도 하는 사람의 평소 스타일, 그리고 나와의 관계가 어떤지에 따라 호감과 비호감으로 갈리기 마련이다. 그 차이는 마치 지구의 표면에서부터 억만 광년 떨어진 은하계 저편 어딘가 이름 모를 어느 별 표면까지의 거리만큼 (더 쉽게 말하면 탕수육 부먹과 찍먹만큼) 다르다.

아우쒸…… 설렐 뻔했네. 여보세요? 나 왜 이러세요?

약속이 없다고 얼버무리고 나니 양 볼이 미세하게 빨개졌다. 광대에서 느껴지는 약간의 미열에 당혹스러워 부리나케 카페를 빠져나왔다. 주책이라 생각했다. 손님에게 으레 하는 서비스 멘트 정도로 넘기면 그만인 것을, 누구에게나 베푸는 친절일 뿐인 것을, 고작 이런 작은 상냥함에 얼굴이 붉어지다니……. 게다가 아홉 살이나 어린 친구에게 설렐 뻔하다니 괜히 이상한 죄책감까지 더해졌다.

아 참, 오늘 왜 특별히 예뻐 보였는고 하니 보통 때는 귀찮아서 풀메이크업을 하는 일이 거의 없는데, 여유가 생기면 기분 전환으로 공을 들여 화장하는 경우가 가끔 생기기도 한다. 그 가끔을 세심한 그가 놓치지 않은 것이었다. 사소한 변화를 알아보는 그의 관찰력은 마치 '오늘 나 좀 달라진 거 없어?'라고 묻기도 전에 먼저 알아보고 '오늘 앞머리에 살짝 컬을 넣었구나. 정말 예쁜걸?' 하고 칭찬해 주는, 어떤 초능력과 같은 것이다. 이 정도 미세한 변화를 감지하는 생명체는 이 땅 위에 존재하지 않을 거라 믿었었는데, 아무래도 내가 방금 인류사상 첫 발견을 한 것 같다.

몇 주간의 호의와 오늘따라 예쁘다는 말 한마디에 너무 오바 블루스를 추고 있는 것 같아 마음을 다잡았다. 그런데 이날을 기점으로 그의 말 한마디 한마디가 꽤나 신경 쓰이기 시작했다.

한번은 또 주문한 커피를 기다리다가 밥을 먹어 지워진 입술을 다시 발랐는데, 그가 커피를 전해주면서 고개를 갸우뚱하고는 말했다.

"어? 뭔가 화사해졌어요!"

"아, 입술 발라서 그런가?"

"그런가봐요. 와…… 코랄 색 되게 잘 어울린다!"

이러면서 싱긋 웃는 게 아닌가? 사근사근한 목소리로 고
개를 갸웃거리며 말하는 그가 귀여워 보이기까지 했다. 다른
사람이 이런 말을 했다면 '뭐지? 그럼 여태 칙칙했다는 소리?'
하고 툴툴거렸을지도 모른다. 그리고 코랄 색이라니……. 핑
크나 오렌지는 알아도 코랄 색을 알아보는 남자는 흔하지 않
다. 이 정도면 내가 봄웜톤인지 가을웜톤인지도 알아볼 기세
다. 대체 이 사람의 초능력은 어디까지일까.

예고 없이 훅훅 들어오는 그의 말들을 곱씹다가도 문득
그와 나 사이 세월의 갭이 떠올라 고개를 젓게 되는 순간들
이 반복되었다. 연하를 만나보지 않은 건 아니다. 하지만 연
하라고 해도 기껏 해봐야 한두 살 차이 나는, 내 또래의 범위
를 크게 벗어나지 않는 정도의 나이였다. 의도한 것은 아니
었지만 그렇게 만나졌다. 아마도 같은 나이 또래끼리 통하는

시대적 공감대가 크게 작용했을지도 모르겠다.

예를 들면 H.O.T., 젝스키스, 핑클, S.E.S, 신화, god 같은 아이돌에 열광하며 자란 세대인 것, IMF 위기 때 부모님이 나의 돌 반지를 죄다 기부하며 금 모으기 운동에 동참하는 것을 목격한 세대인 것, 한반도를 뜨겁게 달궜던 2002년 한일 월드컵 때 질풍노도 청소년기를 보낸 세대인 것, 마이마이로 카세트테이프를 듣다가 소니나 파나소닉 CD 플레이어를 거쳐 아이리버 MP3를 겪어본 아날로그와 디지털 경계의 세대인 것……. 이렇게 자잘자잘하지만 삶의 곳곳에 물들어 있는 나의 역사이자 우리들의 역사인 것이다. 같은 또래만이 공유할 수 있는 추억의 힘은 어떻게 보면 사소한 것들에서 비롯되지만, 그 사소함 속에서 증폭되는 힘은 얕볼 수 없다. 나와 같은 시대를 겪은 사람과의 대화는 더욱더 풍요로워질 수 있는 잠재력을 지니고 있기 때문이다.

아끼던 도토리 다섯 개로 '프리스타일'의 〈Y〉 같은 노래를 BGM으로 깔아놓던, 지금은 전 국민 유저 모두의 '판도라의 상자'가 되어버린 싸이월드의 역사적 맥락과 사료적 가치를 나보다 아홉 살이나 어린 그가 알 리가 있을까 싶었다. 초등

학생 때부터 이미 스마트폰이 존재했을 터이니 포켓몬 스티커를 모으려 먹지도 않을 빵을 사재기하던 나의 초딩 시절과는 참 다를 나이인 것이다. 한창 〈남자 셋 여자 셋〉이나 〈논스톱〉에 나올 일들을 겪을 나이인데, 그는 이 시트콤들도 모르겠지…….

그 뒤로도 종종 그가 전하는 말들이 단순한 친절과 개인적인 관심의 경계 어디쯤에서 미묘한 줄타기를 했다. 때때로 그런 말들에 작은 설렘과 알아채지 못할 정도의 홍조가 생겼지만 그뿐이었다. 왜 가끔 그럴 때 있지 않나. 쥐콩만 한 호감이 더는 진전되지 않도록 적당한 선에서 커트하는 경우 말이다. 나는 어느새 그 제동기를 열심히 굴리고 있었다. 그가 칭찬하면 멋쩍은 듯 가볍게 웃어넘기는 정도에서 모든 것을 중지시켰던 모양이다. 엄청난 노력을 요하는 것도 아니어서 나도 의식하지 못할 정도로 자연스러운 일이었다.

그렇게 열심히 무의식의 브레이크를 밟으며 아이스 아메리카노를 마시러 다니던 날들이 반복되었고, 여전히 목이 타던 어느 여름날 나는 퇴사를 하게 되었다. 꽤 오래전부터 계획한 일인데, 여름을 다 보내기도 전에 결국 회사를 관두게 되었다. 시원섭섭한 일이었다. 그리고 더이상 그 카페에 갈 일이 없어진 것은 조금 섭섭한 일이었다.

퇴사하는 당일 점심시간, 나는 그 카페에 가지 않았다. 가게 되면 괜히 작별 인사라도 해야 할 것만 같았고, 나는 그런 류의 일을 별로 내켜 하지 않으니까 그냥 홀연히 사라진 단골로 남고 싶었다(뭐죠, 이 쓸데 없는 신비주의는?). 그렇게 조용히 사라질 수 있을 줄 알았는데, 퇴근 후 버스를 기다리고 있던 정류장으로 어느 낯익은 얼굴이 해맑게 웃으며 다가오고 있었다. 아, 신비주의 실패.

"어? 퇴근하시나 봐요?"

"네. ○○ 씨도 퇴근하나 봐요?"

"네. 오늘은 좀 일찍 끝났어요. 평소에도 이 시간에 왔으면 자주 마주쳤겠다. 그쵸?"

"그러게요."

"아 참! 저희 카페 새로운 원두가 들어왔는데 다음에 오실

때 그걸로 드셔보세요. 산미 없는 거 좋아하시니까. 전에 있던 것보다 좀 더 깊이감이 있어요."

"아…… 근데 저 이제 자주 못 뵐 거예요."

"……왜요?"

약간의 놀라움과 함께 휘둥그레지는 그의 두 눈을 봐버렸다. 보지 말았어야 했는데, 그 눈빛에 마음이 또 약해져서 계획에 없던 퇴사 속보를 사실대로 전해야 할 것만 같았다. 새로운 원두는 둘째 치고 그 깊이감은 그 사람 눈 속에서 느껴졌다……가 아니고 아무튼.

"오늘 퇴사했어요. 이제 이 동네 올 일 없을 것 같아요."

"네? 아니, 어…… 언제…… 왜……."

무언가 적절한 말을 찾으려 노력하는데 잘 찾아지지 않아 매우 곤란해 보이는 그의 눈빛이 점점 애처로워졌다. 그러다 무언가 결심이라도 한 듯 그의 눈에 힘이 들어가는 게 느껴졌다. 인간의 촉이란 때때로 유난스럽게 발달할 때가 있는데,

그게 바로 지금 이 시점인 듯했다. 제발 내가 생각하는 그것이 아니었으면 하는 바람이었는데, 원래 그런 바람이란 내 맘대로 이뤄지는 법이 없지!

"저…… 누나. 누나라고 해도 되죠?"

"네? 음…….."

"이제 손님 아니니까. 저 실은…….."

'누난 내 여자니까-'가 BGM으로 깔리기 전에 어서 이 사태를 수습해, 롸잇 나우!

"그러니까 ○○ 씨, 저는…….."

"아…… 누나라고 안 할게요. 죄송해요. 혹시 번호 주실 수 있을까요? 오늘 그냥 헤어지면 왠지 후회할 것 같아서…….."

그가 어렵게, 그러나 황급히 두 손으로 내민 핸드폰을 나는 슬며시 밀어내며 말했다.

"○○ 씨는 참 상냥해서 카페 갈 때마다 기분 좋았어요."

"별거 아닌데요, 뭘……."

"그동안 내 커피 맛있게 타줘서 고마워요. 덕분에 이번 여름 아주 시원하게 보냈어요."

"……."

그가 고개를 떨구며 아무 말도 하지 않았다. 애꿎은 신발 끝만 쳐다보던 사슴 같은 눈망울에서 금방이라도 눈물 한 방울 떨어지는 게 아닐까 무척 조마조마했다. 그런 그의 모습이 조금 귀엽기도, 짠하기도 했다. 계속 지켜봤다간 가슴 한 구석이 시큰해질 것만 같았다.

"어? 버스 왔다! 먼저 가 볼게요. 잘 지내요."

때마침 구세주처럼 버스가 도착했다. 가시방석, 좌불안석, 불편들썩이던 마음을 뒤로하고 잽싸게 버스에 올랐다. 자리에 앉고 나서 살짝 돌아보니 조금 시무룩해 보이는 그가 우두커니 정류장에 서 있었다. 버스가 출발할 때쯤 그가 애써 웃으며 살짝 손을 흔들어 보였다. 나도 가볍게 눈인사를 하고는 더 이상 그를 쳐다보지 않았다. 그것이 그와의 마지막이었다.

그의 나이 스물하나, 참 좋을 나이다. 누군가는 서른인 나에게 그런 말을 할 테지만……. 고작 나이 서른 먹고 이런 늙은이 같은 소리나 한다고 나무란다면 딱히 할 말은 없다. 나는 '나이는 숫자일 뿐이다'라는 말을 열심히 되뇌면서 동시에 '나이는 진정 숫자일 뿐인가?' 하고 의문을 던지는 사람이기도 하다. 내가 스무 살 때 열한 살이었을 사람(이렇게 생각하니 더 쇼킹하다)을 숫자일 뿐이라고 말할 수 있을지 잘 모르겠다. 아홉 살의 갭이 문제인 것인지 스물하나인 것이 걸림돌인지도 잘 모르겠다. 내가 마흔이 되었을 때 서른하나를 바라본다면 조금은 달라질까.

나는 관계에서 어떤 유대감을 쌓는 일이 이토록 중요하다는 것을 새삼 깨달았다. 물론 그 통로가 시대적 공감대에만 있는 것은 아니지만, 문제는 다른 공감대를 그와 나눌 의향이 있느냐였다. 나는 도통 이 숫자의 문턱을 넘어 그에게서 인간적 호감 이상의 무엇을 느낄 수 없을 것만 같았다. 나이 차이는 숫자일 뿐이라며 '우리 그냥 사랑하게 해주세요!'라고 외치는 게 가능하려면, 나는 이 장벽을 인지하기도 전에 이미 그에게 빠졌어야만 했다. 그런데 지금은 그를 향한 감정보다 숫자에 연연하는 나의 이성이 좀 더 또렷한 상태인 것이다.

아마 그의 나이가 조금만 더 많았더라면 금사빠인 나에게 그의 호의는 매우 치명적이었을지도 모를 일이지만, 그가 갑자기 어디서 나이를 꿔올 수 있는 일도 아니니……. 참 예쁜 사람인 그에게 사적인 누나가 되는 일은 접는 것으로 하자.

다음 생엔 우리 동년배로 만나요.

이름 풀이

윤두영 : 너는(you) 너무(too) 어려(young). 후보군으로 '유두영'과 '류두영'이 있었지만 어째서인지 탈락.

이름 。 오근욱

나이 。 28

직업 。 헬스 트레이너

처음 만난 곳 。 헬스장

나도 그게
가능한 사람일까

한국에서 기상 관측이 가능하기 시작한 1907년 이후 최악의 폭염이라 했다. 서울 기온이 40도에 육박하다니 온도계가 고장 난 것은 아닌가 의심했다. 지난달은 축축하고 습한 날씨에 허덕였는데, 이번 달에는 바짝바짝 타오르는 강렬한 볕에 화상을 입을까 걱정이 되었다. 뜨거운 열기가 세상의 수분을 모조리 증발시켜 모기 한 마리 눈 씻고 찾아볼 수 없는 현상은, 전 세계를 강타한 이 엄청난 폭염을 증명하고 있었다.

온 세상이 '나 여름이다!' 하고 울부짖는 와중에 내 몸뚱이는 늦은 여름맞이를 하는 중이다. 실은 이번 달에 PT를 끊었다. 안 그래도 더워 죽겠는 마당에 한 층 더 무거워진 몸뚱이가 너무 버거워 체력도 금방 소진되는 기분이었다. 어제보다 오늘 더 퇴화되어만 가는 육신을 구조하는 것이 무엇보다 시급해 보였다. 서른이라는 나이에는 이상한 힘이 생기는 것일까. 마치 내일이 오지 않을 것처럼 서른의 여름을 이렇게 송장처럼 보낼 수는 없다고 다짐할 것까지는 또 뭐 있나 싶네. 여름은 서른하나에도 오고 서른둘에도 올 텐데 말이다. 뭐 그래도 나름 바람직한 동기부여라고 생각하기로 했다.

집 근처 헬스장 몇 군데를 수소문한 끝에 적당한 가격과 깔끔한 시설을 겸비한 P 헬스장에 등록했다. 자 이제 건강한 몸짱이 될 일만 남았다. 그런 줄로만 알았다. 운동할 일'만' 남은 줄…….

PT 받기로 한 첫날, 작심삼일로 끝나지 않을까 하는 걱정 반과 기필코 몸짱이 되어버리겠다는 기대감 반을 안고 헬스장에 도착했다. 나를 담당하기로 한(또는 감당하기로 한) 트레이너를 만나 간단히 인사를 하고 내가 목표하고자 하는 바를 대충 설명했다. 너무 작지도 너무 크지도 않은 중저음의 목소리로 나긋나긋 설명하는 그에게서 사람을 집중하게 만드는 힘이 느껴졌다. 가만있자…… 아니다. 이는 분명 그가 꽤나 훈남이기 때문에 나도 모르는 집중력 파워가 솟아나 버린 것이다. 프로페셔널한 트레이너이기 때문에 몸매는 말할 것도 없거니와 얼굴은 야성미 넘치는 근육과 다르게 몹시 고왔다. '곱다, 고와!'라는 말이 절로 나오게 아주 그냥 말 그대로 고운 상이었다. 아이고 나 또 이런다. 레이더가 제멋대로 작동해 버린 것이다.

정신을 차리고 보니 나는 이 고운 사람 앞에서 몸무게 및 체지방을 측정해야 하는 관문 앞에 놓여있었다. '이럴 줄 알았으면 어젯밤 야식으로 먹은 족발은 좀 참을걸, 오늘 점심에 남길 뻔한 돈가스 한 조각은 스윙스에게나 줘버릴걸…….' 하는 후회만 밀려왔다. 그러다가 또 '에이, 이 사람이 나 같은 사람을 하루 이틀 보겠나' 싶고, '나를 여자로 볼일 없겠지, 그저 정육점 저울 위에 올라온 고깃덩이와 다를 바 없겠지' 싶어 괘념치 않기로 했다. 나는 이렇게도 부끄러웠다가 쿨해졌다가, 엎었다 뒤집었다 하는 마음으로 앉아있었다.

첫날부터 너무 무리하면 안 된다며 운동은 가볍게(그건 트레이너 선생님 생각이고요) 하고 끝이 났다. 팔다리가 후들거리고 어지러운 것 같아 급 단것이 당겼다. 그런 내 마음을 용케 읽은 것인지 트레이너 선생님이 신신당부했다.

"회원님, 지금 힘없다고 집에 가서 군것질이나 야식하시면 안 돼요. 아셨죠?"

"네……."

"그리고 이건 제 SNS 아이디인데, 혹시 집에서 홈트레이닝 하시고 싶으면 여기 있는 영상 참고하세요. 오늘 수고 많으셨습니다."

"네. 수고하셨습니다."

관심 가는 사람이 생겼을 때 제일 먼저 (뒤에서) 하는 것이 무엇이냐 묻는다면 그것은 바로 SNS를 찾아내는 일이라고 하겠다. 그런데 이 사람은 또 그걸 귀신같이 알아서는 나의 수고를 덜어주시네? 혹시 내가 머리로만 생각한다는 걸 입 밖으로 꺼냈나 싶어 잠시 되짚어 봤다. 아니면 그가 척하면 척인 센스 만점의 남자일지도 모른다는 괜한 기대를 내심 품게 되었다.

그러나 야속하게도 그는 나의 기대를 정말 '괜한' 것으로 만들어 버리는 재주가 있는 듯했다. 쉽게 알게 된 그의 SNS에는 센스 만점의 티끌만 한 실마리조차 찾기 힘들었다. 운동 영상 외에는 그의 캐릭터를 엿볼 수 있는 것이 아무것도 없었다. 영상마다 짧게 달린 글마저 너무 정석으로 운동 자세와 순서만 설명하고 있어서 이것도 캐릭터라면 캐릭터인가 싶었다. 아주 FM적인 캐릭터 말이다.

그의 FM 캐릭터는 트레이닝을 받을 때도 빛을 발했다. 마치 동전을 넣고 '스쿼트 30회' 버튼을 누르면 내가 정해진 운동을 끝낼 때까지 나를 감시하는 로봇와 운동하는 기분이었다. 운동 관련 외적인 얘기나 우스갯소리를 자주 하지 않기도 했지만, 어쩌다가 그런 이야기가 나오는 날에는 세상 어쩜 그렇게 사람이 재미없을 수 있는지 하마터면 면전에 대고 하품을 쩍쩍하다 졸 뻔했다. 헬스 트레이너가 코미디언도 아니고 굳이 재밌을 필요가 있냐고 묻는다면 딱히 할 말은 없지만, 선생님이 센스도 없고 재미도 없을 때 그가 가르치는 과목마저 재미없어지고 흥미를 잃는 것과 같은 이치일 것이다. 물론 선생님이 굳이 코미디언이 될 필요는 없지만 말이다. 특히나 여기서 배우는 과목이 '이러다가 골로 가는 거 아닌가 싶은 고되고 빡센 운동'일 때, 보편적으로 불호가 강한 이 과목을 가르치는 선생님의 센스가 얼마나 중요한가 말이다.

의지박약한 기질에 재미없는 건 참지 못하는 나를 그나마 버티게 하는 건 그의 외모뿐이었다. 내 속도 모르고 맘도 모르고 그가 덤벨 무게를 하나씩 올릴 때마다 '그래, 고와서 참는다. 요즘 한창 제철인 수박 한 통은 단번에 박살 내버릴 듯한 저 이두근 때문에 참는다' 하면서 버텼다. 여전히 운동에 대한 흥미는 늘지 않고, 여전히 그의 센스도 늘지 않았지만 말이다.

그렇게 노잼의 향연 속에 며칠을 버틴 어느 날 친구 J와 약속을 잡아 카페에서 만나기로 했다. 약속 시간에 먼저 나온 나는 시간이나 때울 겸 그의 SNS를 훑어보았다. 처음부터 끝까지 죄다 운동하는 영상이었지만, 그와는 다르게, 또 그에게 배우는 운동과 다르게 그의 운동 영상은 꽤 재미있었다 (다시 한번 말하지만 나는 운동엔 관심이 없다). 혹시나 이런 내 모습을 누구에게 들킬까 봐 보초 서는 미어캣처럼 잔뜩 긴장과 경계의 끈을 놓지 않았다. 그렇게 한참을 시간 가는 줄 모르고 열혈 시청하고 있는데, J가 왔다.

"야!"

"아이고, 깜짝이야!"

"뭘 보길래 사람 오는 줄도 모르고 그렇게 넋을 놓고 있어? 아주 헤벌레…… 침 좀 닦어."

"내가 무슨 넋을 놨다구 그래? 아 왜 있잖아. 전에 말했던 트레이너. 그 사람 SNS 구경했어."

"뭐야 뭐야? 이리 줘봐. 그냥 SNS가 아닌데 이거? 아주 굶주렸구만. 벌건 대낮에 땀 흘리며 운동하는 외간 남자 영상이나 보고 앉았구. 쯧쯧. 이런 건 왜 보고 있어? 너 이 사람 마음에 들어?"

마음에 들긴 무슨, 이토록 핵노잼인 사람이 마음에 들 리 없다고 침 튀기며 해명했다. 그럼에도 불구하고 자꾸 눈길이 가는 것이 무척이나 생소하고 이상하다는 하소연도 덧붙였다. 도무지 관심을 끄고 운동에만 집중하는 게 생각보다 잘 되지 않는 것이 고민이라면 고민이었다. 코 평수를 벌렁벌렁 늘려가며 심드렁한 표정으로 내 고민을 듣고 있던 J가 갑자기 말을 끊더니 뒤통수 후려치는 말을 툭 내던졌다.

"뭐야. 되게 간단하네. 그냥 자."

"뭐?"

"너 재미없는 남자랑 말 섞는 거 별로 안 좋아하잖아. 정신적 교감은 안 될 것 같다고 사이즈 나왔고, 그럴 땐 보통 관심이 식기 마련인데 그러지 않고 계속 눈길이 간다며. 운동 영상이나 훔쳐보는 꼬라지 하며. 이게 뭘 의미하겠어? 머리로는 원하지 않는데 몸이 원한다는 신호 아니야. 아니 너는 이나이 먹도록 뭘 이런 걸 고민해? 요즘 한가하냐? 참나."

내 친구 J는 역시나 단순하고도 명쾌하다. 가끔 이렇게 간지러운 곳을 시원하게 밀어주는 이태리타월 같은 말을 적재적소에 휘리릭 날려주니 말이다. 나는 어쩌면 숨겨왔던 나의 수줍은 욕망 덩어리를 확인받고 싶었는지도 모른다. 대신 조금만 덜 재수 없게 말한다면 더 적극적으로 수긍해 줄 수 있을 것 같은데, J는 늘 요딴식으로밖에 말하는 방법을 모른다.

"너 한 번도 그런 적 없지?"

"응? 뭐가?"

"잠만 자는 거. 해본 적 없잖아."

"아주 동네방네 소문을 내세요, 이것아!"

그렇다. 딱히 부끄러울 일도 아니지만 그렇게 떠벌릴 일도 아닌 사실을 J가 콕 집어 상기시켜 주었다. '뭐든 경험해 보자' 주의인 나에게 아직 미개척 분야(?)인 지점이었다. 친구들과 스킨십에 관련된 이야기가 오고 갈 때면 아주 적극적으로 떠들어대는 내가, 심지어 성 고민 상담 (아마추어) 경력도 꽤 오래된 내가 그런 경험이 없다는 것은 나에게 괜한 열등감을 안겨주었다. 그렇다고 그런 열등감 때문에 일을 저질러 버릴 만큼 무모하거나 절실한 것도 아니었다.

가장 고민이 되는 부분은 '내가 그런 관계 형성이 가능한 사람인가'였다. 감정이 결여된 몸만 섞는 관계라는 것은 나에게 항상 풀리지 않는 숙제와도 같았다. 그 누구도 상처받지 않는 선에서 하룻밤(여러 날 밤일 수도 있지만)을 즐기다 가는 것, 잘 모르는 이 앞에서 완벽하게 나체가 되어 하루살이(n주 살이, n달살이, n년살이가 될 수도 있지만) 본능에만 충실해지는 것, 그 밤이 지나고 나면 아무 일도 없었다는 듯이 각자의 자리로 돌아가 일말의 정조차 나누지 않은 남으로 살아가는 일 말이다. 친밀하지 않은 상대와 체온을 나누는 일은 상상만 해도 너무 어색하고 불편할 것만 같았다. 혹시나 나 또는 상대의 마음이 그 이상으로 연장되어 버린다면 여간 피곤한 일이 아니기 때문에 조심해지고 고민이 많아지는 일인 것이다. 쓸데없이 인류에 대한 정이 많은 성격은 이럴 때 참 걸림돌이 된다. 아니면 내가 지독한 유교걸이라서 그런 것일 수도 있다.

J가 내 뒤통수를 심하게 가격한 이후 PT를 받을 때마다 잡생각이 떠나지 않았다. 그런 내 마음을 아는지 모르는지 그의 태도는 한결같았다. 그는 언제나 프로페셔널함을 잃지 않고 조곤조곤 차분한 말투로 운동을 가르치는 데에만 전념했다. 당연한 일이었다. 두 남녀가 타이트한 운동복을 입고

온 신경을 근육의 움직임에만 집중하는 일이 나에게는 생소한 경험이었지만 그에게는 일상일 뿐이었으니까. 자칫 찝찝해질 수 있는 상황이 쉽게 벌어질 수 있는 환경이었지만, 코어 근육의 중심을 잡듯 그는 흐트러짐 없는 깔끔한 프로였다. 딱히 칭찬받을 일도 아니지만, 혹시라도 불쾌한 일을 겪었더라면 그에 대한 관심은 애저녁에 식었을 것이다.

가끔은 그가 자기 신체 부위를 가리키며 운동 방법을 설명하면서 "여기 이 부분에 온 신경을 집중하셔야 돼요. 한번 살짝 만져보세요."라고 할 때면 나는 괜히 혼자 쑥스러웠지만, 집중하는 척 포커페이스를 잃지 않으려 마음을 다잡고는 "아…… 이렇게? 네, 이제 알겠어요."라고 아무렇지 않은 척 대답했다. 나만 민망해하는 것이 한편으로는 부끄럽기도 했다. 수년간 공을 들여 열심히 다져온 예쁜 근육을 한참이나 쳐다도 보고 가끔 만져도 봐야 하는 상황 자체가 여전히 어색했지만, 수업을 반복하면서 차츰 나아졌다. FM 타입의 그도 언제부턴가 중간중간 사적인 얘기도 섞어가며 조금씩 나를 편하게 대하는 것 같았다. 여전히 잡담을 많이 하는 건 아니었지만, 가끔 농담도 하고 웃기도 해서 PT 수업이 한결 편안해졌다(하지만 내 근육은 안 편안).

PT를 받게 되면 아무래도 트레이너와 연락하는 일이 잦다. 오늘은 무슨 음식을 먹었는지 식단 체크를 해주기도 하고, PT가 없는 날은 혼자 집에서 홈트레이닝을 하며 궁금한 점을 질문하기도 하는, 그런 류의 연락 말이다. 하루는 수업이 없는 날, 운동 관련하여 이것저것 물어보는 카톡을 하다가 충동적으로 그를 불러냈다.

오근욱
오늘은 유산소 하셨어요?

아… 네니요…?

오근욱
ㅋㅋㅋ안 하셨다는 소리죠?

이따 저녁 먹고 공원 좀 뛸까 생각중이에요.

오근욱

아 xx공원이요? 거기 좋은데…

선생님도 같이 뛰실래요?

오근욱

네, 좋아요!

    그냥 혹시나 한번 던져본 말에 그가 꽤나 쉽게 승낙해서 조금 의아했다. 그리고 보니 헬스장 밖에서 따로 보는 건 이번이 처음인 것 같은데 뭐 별일이야 있겠나 싶었다. 9시쯤 공원 앞에서 그를 기다리고 있는데 어디서 애매한 모터 소리가 들리기 시작했다. 스쿠터도, 커다란 모터사이클도 아닌 것이 뭔가 축소된 느낌의 소리였는데, 아니나 다를까 그가 저 멀리서 스쿠터형 전기 자전거를 타고 오는 것이 보였다. 키가 조금 작았던 그와 너무 잘 어울리는 전기 자전거라 조금 귀엽다는 생각이 들어 '풉' 하고 웃음이 터졌다. 거기에 또 앙증맞은 자전거용 헬멧까지 세트로 안성맞춤이었다.

같이 뛰기로 했던 약속이었지만 우리는 천천히 공원을 산책했다. 전기 자전거에 대한 이야기를 시작으로 그동안 많지 않았던 조금은 사적인 얘기들, 가끔은 운동하는 얘기들, 기억나지 않는 소소한 잡담이 오갔다. 헬스장 밖에서 사적으로 본 그는 뭔가 나이에 비해 순수한 느낌이 들었다. 그래서였는지 가끔 헬스장에서 그를 음란 마귀의 눈으로 바라본 것이 좀 미안해졌다.

이틀이 지나고 다시 PT 수업 날이 돌아왔다. 그와 산책한 이후로 처음 대면하는 날이었는데, 헬스장 문을 열고 들어가니 나를 맞이하는 그의 눈빛이 조금은 달라진 것 같았다면 기분 탓이려나.

"도나 씨, 왔어요?"
"네. 안녕하세요."

왠지 예전보다 조금 더 넘치게, 그의 양 입꼬리가 귀에 걸릴 듯 너무 커다랗고 해맑게 치아를 자랑하며 미소를 지어

보이는 게 아닌가. 나를 향한 그의 이목구비가 따스한 봄날의 꽃처럼 만개하고 있었다.

조금 어리둥절했지만, 아마도 그날 산책하며 나눈 대화 덕분에 좀 더 친해졌다고 생각하나 싶었다. 그냥 그 정도일 줄 알았는데, 수업을 받는 중간중간에도 그동안에는 볼 수 없었던 수줍은 미소 같은 것이 자꾸만 시야에 걸려들었다. 그리고 별 웃긴 얘기를 하지도 않았는데 평소보다 그의 웃음소리가 더 자주 들렸다(내가 작정하고 웃겼다면 아마 배꼽을 꿰매며 수업을 했겠지). 애석하게도 나는 그런 변화를 잘 캐치해 내는 피곤한 재능을 갖고 있었다.

아, 또 언제 내 매력을 봐버린 거야 대체?

가끔은 무엇을 하려 작정하는 마음을 버리고 타인을 편하게 대할 때, 그래서 있는 그대로의 내 모습이 자연스럽게 전달될 때, 그렇게 전달된 내 모습이 아주 희박한 확률로 상대에게 어필이 될 때가 가뭄에 콩 나듯 있다. 그게 바로 지금 이 순간, 지금 여기 척박한 이 땅에 그의 콩이 자라나 버린 것이다.

전보다 그와 가까워진 것은 사실이지만 그가 내 기준에 재미없는 사람인 것은 여전했다. 그의 외모가 내게 어필이 되는 것도 여전했지만, 어쩐지 느낌상 그는 나를 다른 시선으로 바라보는 듯했다. 어차피 서로가 같은 선상에 있는 것이 아니라면 그냥 모른 척하는 것이 나을 것 같았다. 그날은 그렇게 조용히 지나가는 듯했는데 문제는 그다음 날이었다.

일탈? 나랑? 일탈을? 무슨 일탈? (최대한 눈을 가늘게 뜨고 읽으시오) '일탈'이라는 워딩에 티끌만 한 기대를 걸고 나간

자리에서 나는 그의 엄청난 실체를 목격하고야 말았다. 그것은 바로 삼겹살 무한리필집 박살내기. 무엇보다 식단 조절을 철저히 하는 프로 헬스 트레이너에겐 삼겹살 섭취가 한 달에 한 번 있을까 말까 하는 어마어마한 일탈이었던 것이다. 오마이 갓! 나는 그럼 그동안 얼마나 날라리로 산 것인지 가늠할 수가 없었다.

이게…… 이게 일탈이야? 참나, FM답다 증말.

나도 참 웃기지 대체 뭘 기대한 것인가 싶었다. 그나마 삼겹살이 맛있어서 다행이었다. 소주가 당겼다. 햄버거엔 콜라, 치킨엔 맥주, 삼겹살엔 소주 아닌가. 삼소의 조합을 거스를 자 누구인가.

"소주 한잔할래요?"

"저 술을 잘 못해요."

"그럼 그냥 짠만 해줘요. 사장님! 여기 소주 한 병이요."

오랜만에 마신 소주가 참 달달했다. 첫 잔이 달면 보통 그날은 술이 술술 넘어가는 법인데, 한 병을 다 마시진 못했고 혼자 3분의 2를 마셨다. 술이라는 것은 같이 먹는 사람도 함께 즐겨야 한 병이 두 병이 되고 두 병이 세 병이 되는 것인데, 오늘은 글렀다. 약간의 알딸딸함이 살짝 흐를 정도가 되니 그의 이 일탈 같지도 않은 일탈 대신 내가 어떤 일탈을 해보고 싶은 충동이 슬쩍 일어났다.

"제가 키우는 고양이 사진 보여줄까요?"
"완전 귀엽다! 이 젤리 발바닥 좀 봐."

그는 키우는 고양이 두 마리의 사진을 찬찬히 보여줬다. 나는 고양이를 좋아하긴 하지만 그렇다고 일부러 고양이를 보기 위해 어느 장소로 찾아가는 일까지는 하지 않는데, 오늘은 그런 일탈을 해보기로 마음먹었다. 술을 먹으니 이상한 마음도 먹어지는 그런 날이었다.

"저 고양이 보러 가도 돼요?"

"음⋯⋯ 그래요, 그럼!"

그닥 취하지도 않았는데 무슨 정신으로 그런 말을 한 것인지 나도 내가 놀라웠다. 흔쾌히 승낙한 그가 무슨 생각을 하는지 도통 알 수 없었고, 내가 먹은 마음의 정체를 아는지도 미지수였다. 그는 정말 자기 고양이를 자랑하려고 나를 그의 집으로 들이는 것일까?

왜 이렇게 아무렇지도 않게 알았다고 하는 거야.
뭘 알긴 아는 거야?

그의 전기 자전거를 함께 타고 가기로 했다. 혹시 몰라서 하나 더 챙겨왔다며 그가 자전거용 헬멧을 내게 씌우고는 버클을 채워주었다. 쓸데없이 다정하다고 생각했다. 그의 뒤에 올라타 바람을 가르며 신나게 달리고 싶었으나 전기 자전거는 시속 30km는 되는 걸까 싶게 기어가고 있었다. 이마저도 너무 일탈과 거리가 먼 그와 어울려서 혼자 '피식' 하고 웃음이 났다.

도착한 그의 집은 혼자 살기에 적당한 크기의 신축 원룸이었다. 그의 집으로 들어서자마자 '얘가 내 주인이에요!'라고 외치듯 거주자의 모습을 여실히 보여주고 있어 2차 웃음이 났다. 너무도 깔끔히 정리된 살림살이가 곧 나에게 거수경례라도 할 것만 같았다. 고양이 털 말고는 먼지 한 톨도 용납하지 않을 것 같은 청결 상태와 각을 잡아 개켜놓은 티셔츠 더미가 한눈에 들어왔다.

"마실 거 드릴까요? 주스, 커피, 차……."
"아니요. 괜찮아요."

차 마시며 담소나 나누자고 이곳에 온 것이 아니었다. 그걸 아는지 모르는지 그가 침대에서 꾹꾹이를 하고 있는 고양이를 쓰담쓰담 하고 있었다. 기회는 이때다 싶어 그의 옆에 살짝 걸터앉아 조심스레 고양이를 쓰다듬었다.

"얘는 낯을 안 가리나 봐요."
"완전 개냥이에요. 애교도 많고."

그의 개냥이가 나에게 냥냥펀치를 하며 장난을 걸었다. 자기 고양이를 귀여워하는 사람을 만나 신난 것일까. 그의 얼굴에 아이 같은 미소가 번졌다. 서로의 팔꿈치가 스칠 정도로 아주 가까이에 앉아 이런저런 이야기를 나누어도 그의 표정은 아무런 변화가 없었다.

그는 정말 '아무 생각'이 없는 듯했다. 그 '아무 생각'이라는 것을 나 혼자만 품고 여기까지 온 것이다. 밀폐된 공간에 남녀 둘이 이렇게나 가까이 있는데도 도무지 미묘한 기류가 흐르지 않으니 참으로 기묘했다. 애묘인 모임으로 이 만남이 마무리 지어질 것 같은 예감은 30분 넘게 그를 관찰한 후 확신으로 바뀌었다. 순간 J가 스치듯 말한 것이 떠올랐다.

"잠만 자는 거 어려운 거 아냐. 대신 나만의 룰이 있어. 나는 같은 걸 원하는 사람만 떠봐. 나는 아닌데, 조금이라도 나를 진심으로 좋아한다거나 진지하게 만나고 싶어 하는 낌새가 보이면 바로 접어. 나중에 피곤해지기도 하고, 인간적으로 할 짓도 아니잖아?"

그 말 하나로 모든 것이 명쾌해졌다. 그가 나를 진지하게 만나고 싶은지 어떤지는 잘 모르겠지만, 지금 이 상황에서 원하는 게 다른 것만은 분명했다. 나에게 호감이 있는 것도 분명했으나, 그의 시속 30km짜리 전기 자전거처럼 그는 나를 천천히 알아가려는 것 같았다. 모든 것을 빠르게 스킵하고 싶어 이곳에 온 나의 목적을 안다면 오히려 불쾌해할지도 모를 일이었다. '모든 것' 대신 '청소년 관람 불가 신'을 이번 영화에서 스킵할 것 같았다.

'누울 자리 보고 다리 뻗는다'고, 내 목적을 단도직입적으로 말하는 것도 한계가 있는 분위기였다. 밑도 끝도 없이 들이댈 만큼 내 욕망이 어마어마하지도 않거니와(그렇다고 과소평가하지는 마시고) 꼭 그렇게까지 하면서 목적을 달성해야 하나 싶었다. 내가 뭐가 아쉬워서(아주 살짝 아쉽긴함).

언젠가 한 번쯤은 '라면 먹고 갈래?'로 치환되는 구애의 액션을 내가 먼저 취해보고 싶었다. 더 나아가 앞서 말한 '감정이 결여된 관계'에 대해 나의 한계를 시험해 보고 싶었는지도……. 보란 듯이 실패했지만 내가 그를 좋아하지 않는다

고 해서 그의 감정마저 무시할 만큼 파렴치한은 아니라는 것
도 잘 알았다.

한동안 나에 대해 생각해 볼 시간을 가져보며 느낀 것은
'나는 이러이러한 사람이야'라며 나도 나를 오해할 수 있다
는 점이었다. 오랫동안 '나는 내가 제일 잘 안다'며 나라는 사
람에 대한 편견과 고착된 관념을 고수해 왔던 것은 아닐까.
생각보다 나는 이러기도 하고 저러기도 한 사람인데 말이다.
'이건 나답지 않아'라는 생각이 들 때, '나다운 게 뭔데?'라는
질문을 자신에게 주기적으로 해야 하지 않을까 싶다.

그래서 가끔은 내 기준에 절대 불가능할 거라 여겼던 행
동을 실행에 옮김으로써 나에 대한 업데이트를 멈추지 않는
것도 나쁘지 않다. 새로운 버전마다 불필요한 것은 제거되고
새롭게 가능한 것들이 생길지도 모르니까. 물론 타인에게 피
해를 주지 않는 선에서 말이다.

그날은 그렇게 아무 일 없이 그와 헤어졌지만, 내심 시종
일관 해맑고 순수한 미소만 짓던 그에게 미안한 마음을 떨치
기란 쉽지 않았다. 나 혼자 김칫국 마시고 나 혼자 어색해지

고, 북 치고 장구 치고 한 것이다. 마침 PT 받을 기한이 다 끝나가서 다행이라 생각했다. PT 마지막 날, 수업이 끝나고 그가 내게 말을 걸었다.

"저 오늘 일찍 퇴근하는데, 커피 한잔할래요?"
"죄송해요. 제가 오늘은 약속이 있어서."
"그래요. 그럼 다음에 봐요."

안타깝게도 다음이란 없었다. 더는 그를 사적으로 만나지 않는 것이 내 선에서 최대한의 예의라고 생각했다. 그 뒤로 그에게서 몇 번의 만나자는 연락이 왔지만 모두 적당히 거절했다. 그렇게 그와 더는 마주치지 않았다.

이름 풀이

오근욱 : 오! 근육 정말 쩐다.

<table>
<tr><td>9</td></tr>
<tr><td>월</td></tr>
<tr><td>의</td></tr>
<tr><td>남</td></tr>
<tr><td>자</td></tr>
</table>

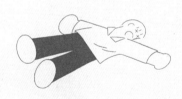

이름 。 하임호

나이 。 30

직업 。 교사

다시 만난 곳 。 도서관

꼭 그렇게 다 말해야만
속이 후련했냐

지긋지긋한 무더위가 한풀 꺾이고 가을의 문을 노크하는 9월이다. 따스한 볕, 청명한 하늘, 적정한 기온, 코끝을 간지럽히는 선선한 바람 덕분에 요즘 나의 컨디션은 최상급이다. 쾌청한 날씨 덕에 시야도 선명해지고 정신도 또렷해지는 기분이다. 1년 365일 이런 날씨만 계속되면 좋겠다고 매일 노래를 불러서 다른 계절들이 안 찾아왔으면 좋겠다.

'하늘은 높고 말은 살찐다'는 천고마비의 계절인 가을은 독서의 계절이기도 하다. 누가 먼저 가을을 그렇게 부르기 시작한 것인지는 모르겠으나 나 또한 왠지 가을에 더 많은 독서를 하게 된다. 요즘에는 집에서 그리 멀지 않은 도서관에 가는 것이 새로운 취미다. 이 계절에 걸맞게 마음의 양식을 한가득 쌓으러 가는 길이 참으로 즐거웠는데, 그와 마주친 이후 도서관으로 향하는 나의 발걸음은 한결 더 가벼워졌다.

그를 처음 만난 건 사실 꽤 오래전의 일이었다. 그는 나의 전 직장에서 일반인을 대상으로 하는 교육 프로그램의 수강생이었다. 당시 나는 수강생 관리를 하던 담당자여서 한 달 동안 일주일에 한 번씩은 그와 마주쳤다. 훤칠한 키에 멀끔하게 생긴 그는 많은 수강생 중 확실히 눈에 띄었지만, 공적인 환경에서 만났으니 사적으로 대화를 한다거나 하는 일은 없었다. 그가 수강하던 프로그램이 끝나면서 그와 마주칠 일이 없기도 했다. 그런 그를 내가 다니는 도서관에서 다시 만나게 되다니 무척 놀랍고도 반가웠다.

세 번 정도 더 그와 마주치게 되자 이젠 그가 아는 사람이라도 된 듯 낯설지가 않았다. 이렇게 여러 번 마주치는 것도 인연이라면 인연인데 말을 걸어볼까, 쪽지를 남겨볼까, 캔커피라도 건네볼까, 온갖 촌스러운 접근 방법을 고민하다가 결국 충동적으로 일을 저질러 버리고 말았다.

"저…… 괜찮으시면 저랑 잠깐 나가서 얘기 좀 하실래요?"

대화를 나누기엔 '정숙' 사인이 크게 박힌 열람실은 적절할 것 같지 않아 이런 밑도 끝도 없는 말로 그를 불러낼 수밖에 없었다. 마치 요령 없는 '도를 아시나요' 신입 신자가 할 법한 서투른 그 말에 그는 기꺼이 나를 따라 도서관 로비로 나왔다. 혹시라도 나를 이상한 사람으로 생각하지는 않을까 조심스러웠는데, 다행히도 그는 전혀 경계하지 않는 눈치였다. 그를 처음 알게 된 경위와 최근에 자주 마주친 것에 관해 설명하고 나니, 그는 기억을 더듬어 나를 기억해 내려 애쓰는 듯했다.

"아, 죄송해요. 제가 사람 얼굴을 잘 기억하지 못해서……"
"죄송하긴요. 여기서 다시 뵐 줄 몰랐어요. 제가 너무 갑자기 불러내서 당황스러우셨죠?"
"아니에요. 괜찮아요."
"저…… 초면에 실례지만 혹시 애인 있으세요?"
"아니요! 없어요. 제 번호 드릴까요?"

본격적으로 대화가 진행되기 전에 애인의 여부를 판단하는 것이 중요했다. 애인이 없다는 그의 말에 신이 나서 포커페이스를 유지하느라 혼이 났다. 내가 먼저 대시하고 싶은 사람 앞이라 좀 긴장했는데, 그가 먼저 선뜻 번호를 알려주었다. 간단히 통성명을 하고 나니 그가 내게 물었다.

"도나 씨, 괜찮으시면 어디 카페라도 가서 얘기할까요? 커피는 제가 살게요."

"아니에요. 제가 사야죠!"

"아니에요! 제가 살게요. 근처에 아는 곳 있어요."

웬일로 일이 이토록 일사천리로 진행되는지 살짝 불안하기도 하면서 동시에 신이 났다. 속으로 쾌재를 부르며 축배를 마시고 있었는데, 로비를 나서자마자 쏟아지는 빗방울이 우릴 맞이했다. 분명 오늘 아까까지만 해도 맑았었는데……. 그러면 그렇지! 어쩐지 일이 너무 술술 풀린다 했다. 이 정도의 빗줄기라면 꼼짝없이 도서관에 발이 묶이게 생겼다.

"아…… 비가 너무 많이 오는데요? 카페 못 가겠다."

"저 우산 있어요! 잠시만요. 제가 자리에서 금방 가져올게요."

비 때문에 시무룩해졌던 나의 마음은 그의 철저한 준비성 덕분에 다시 새로운 샴페인을 따고 축배를 들었다.

그대의 눈동자에 치얼스!

우산 속 두 사람이 함께 걸었다. 두 명은 충분히 들어갈 만한 커다란 장우산이었지만, 훤칠한 키와 건장한 체격을 가진 그와 함께 쓰니 우산 하나가 꽉 찼다. 한 뼘도 되지 않는 거리에 그가 있었다. 수영선수의 것과 같이 넓은 어깨, 모범생 느낌이 도는 부드러운 인상, 내 쪽으로 살짝 기운 우산 덕에 한쪽 팔이 젖어가는, 군더더기 없이 깔끔한 스타일의 셔츠까지……. 우산 속에서 느낄 수 있는 모든 낭만이 바로 여기에 있었다.

짧은 시간이었지만 우린 카페에서 많은 이야기를 나누었

다. 그는 이제 막 발령받은 고등학교 교사였고, 임용고시를 준비하던 노량진 시절부터 이야기보따리를 풀어나갔다. 자칫 지루할 수도 있는 이야기를 그는 조곤조곤 부드러운 어조로 살짝 느린 듯하지만 답답하지는 않게, 듣기 편한 속도와 적당한 음량으로 나를 집중시켰다. 학교에서도 이런 말투로 가르친다면 그의 수업 집중도 또한 꽤 높지 않을까 싶었다.

"목소리가 참 좋으세요."

"그죠? 실은 제가 그런 말을 좀 들어요. 제 친구 중에 기자가 있는데, 그 친구가 한번은 'OO야, 너는 음성이 진……짜 좋은 것 같아'라고 하더라고요."

"저 지금 여기서 웃어야 되는 거 맞죠?"

"네. 하하하하!"

비교적 진지하게 말해서 이것이 지금 농담인가 싶었는데, 그 나름대로의 개그 코드인 듯했다. 기승전 자기자랑을 이렇게 진지하게 하다니 조금 귀엽기도 해서 웃음이 터졌다. 그렇게 우린 화기애애한 분위기 속에서 담소를 나누었다.

먼저 접근한 것은 나였지만 대화를 적극적으로 주도해 나간 사람은 그였다. 그는 살짝 들어 올린 광대를 시종일관 내려놓지 않고 말을 이어 나갔다. 한껏 신이 난 그가 '이 사람은 어디서 갑자기 내 앞에 떨어진 거지?' 하는 표정을 감추지 못하고 있었다.

짜식, 내가 말 좀 걸어줬더니 아주 좋아 죽는구나?

그만큼 그의 반응이 좋았다는 정도로 이해해 주자. 이 험난한 세상, 약간의 근거 없는 자신감으로 살아가야 하는 것 아닌가. 누구나 가슴에 근자감 하나쯤은 있는 거 아닌가요?

그 뒤로도 그와 종종 도서관에서 마주치고, 함께 밥을 먹고, 커피를 마셨다. 우린 천천히 서로를 알아가는 시간을 무난하게 보냈다. 그와 함께하는 시간은 그맘때쯤의 기온처럼 항상 적당한 온도를 유지했다. 쉽게 타오르지도, 쉽게 식어버리지도 않게 그도 나도 적당한 약불에서 푹 고운 사골 같은 관계를 만들어보고 싶었나 보다. 누구 하나 조급해하지 않고 서로의 페이스에 맞춰가는 것이 참 마음에 들었다.

그러던 어느 날 그에게서 전화가 왔다(동갑이므로 말을 놓기로 했다).

"도나야, 이번 주말에 에어쇼 보러 갈래?"

"에어쇼?"

"응. 친구들이랑 보러 갈 건데 너도 같이 가면 좋을 것 같아서. 갈래?

갑자기 에어쇼라니 조금 생소했지만 주말에 별다른 계획도 없었고, 그가 어울리는 친구들을 만나보는 것도 좋을 듯하여 흔쾌히 승낙했다.

오랜만에 나들이 가는 기분으로 에어쇼가 열리는 장소에 도착했다. 청명한 상공을 가르는 전투기들의 공중 묘기를 보고 있으니 가슴 한구석이 뻥 뚫리는 듯한 시원함을 만끽할 수 있었다. 하지만 그렇게 뚫린 나의 마음은 그의 친구들로 인해 금세 메워지고 말았다.

가깝게 지낸다는 그의 친구들은 초면인 나를 전혀 대화 상대로 고려하지 않는 듯했다. 시종일관 내가 전혀 관심도 없고 잘 알지도 못하는 이야기만 늘어놓고 있었기 때문이다. 나는 낯선 사람과의 만남에서 웬만하면 적당히 추임새를 넣고 공감하려 노력하는 편인데, 그들의 대화 주제는 나의 공감 능력이나 지식의 범위 밖에 있었다. 예를 들면 '지난달 롤렉스 무슨 무슨 모델을 샀는데……'라든가, '지인이 BMW 무슨 무슨 모델을 샀는데 생각보다 별로였다'라든가 하는 것들이었다. 그는 적극적으로 대화에 참여하지는 않았지만, 이런 주제가 익숙한 듯 보였다. 한참을 대화에 끼지 않고 조용히 앉아 있던 나를 본체만체하던 그의 친구 중 한 명이 갑자기 나에게 질문을 던졌다.

"도나 씨는 명품 가방 안 들고 다니나 봐요? 보통 여자들은 그런 데에 관심 많지 않나? 내 주위 여자들은 다 그렇던데. 명품 안 좋아해요?"

이게 말이야 방구야? 그놈의 여자들은, 여자들은…….
아후, 지겨워. 아주 그냥 징글징글 징글벨이야!

"싫어하는 건 아니지만, 저는 명품에 대해 잘 몰라요. 모든 여자가 다 그런 건 아니고, 관심 있는 사람은 있고 없는 사람은 없겠죠?"

"아니던데……. 그 나이대 여자들은 다들 하나씩은 들고 다니던데……."

"야야, 적당히 해. 도나야, 뭐 마실 것 좀 줄까?"

난처해보이는 나를 위해 그가 적당히 말을 돌려주어 다행이라는 생각이 들었지만, 한편으로는 이런 친구들과 어울리는 그와 계속해서 만남을 지속해 나갈 수 있을까 싶었다. 초면인 타인을 전혀 배려하지 않는 대화를 이어가고, 툭하면 '여자는'과 '남자는'으로 문장을 시작하는 그의 친구들 틈에서 점점 피로감이 몰려왔다. 좀 조용히 하고 에어쇼나 보면 안 되는 걸까.

그다지 즐겁지도 않은 대화에 시달렸던 긴긴 하루를 보내고 집으로 돌아오니 온몸이 녹초가 된 듯 축 처졌다. 기분도 꿀꿀하고 해서 바로 잠들고 싶었지만, 예의상 그에게 집에 잘 도착했다는 카톡을 보냈다.

나는 잘 들어왔어. 오늘 즐거웠어.

하임호

너는 즐거웠다니 참 다행이다.
근데 도나야. 나는 즐겁지가 않았어.

이게 대체 무슨 소리인지 싶었다. 그냥 예의상 즐거웠다고
했을 뿐, 정작 즐겁지 않았던 건 나인데……. 혹시 그의 친구
들과 어울리지 못하고 분위기를 싸하게 만든 것을 나무라는
것인가 싶었다. 도통 감이 오지 않아 카톡을 확인하고도 몇
분간 답장을 보내지 않았더니 그가 전화했다. 통화를 시작한
지 몇 분이 지나고도 내가 전혀 감을 잡지 못하자 그가 결국
단도직입적으로 말했다.

"도나야, 솔직히 내가 너한테 피해주는 것도 아닌데 왜 굳
이 그런 말을 했는지 나는 정말 이해할 수가 없다."

"응?"

"내가 머리숱이 없는 게 남한테 피해를 주는 일도 아니고, 내가 잘못한 것도 아니고, 내 의지로 그렇게 된 것도 아닌데……."

"……."

"나한테 머리숱 없다고 얘기한 사람, 태어나서 네가 처음이야."

전혀 예상하지 못한 시나리오였다. 머리숱이라니? 갑자기 어디서 튀어나온 것인지 너무도 뜬금없는 단어였다. 기억을 거슬러 올라 낮에 있었던 일을 차근차근 되짚어 보았다. 아…… 실은 에어쇼를 관람하던 중 그가 조금 더웠던지 쓰고 있던 야구모자를 벗었는데, 모자에 눌린 자국 때문에 없는 머리숱이 더 돋보였다. 그래서 정말 아무 생각 없이 지나가는 말로 "우리 ○○, 머리숱이 없는 편이구나" 하고 말한 것이 화근이었다. 작정하고 놀리려고 한 말도 아니어서 까맣게 잊고 있었는데, 그 발언이 이런 식으로 돌아올 줄은 상상도 못했다. 기가 막히고 코가 막히는 식스센스급 반전이었다. 너무도 당혹스러워 내 머리가 백지장처럼 하얘졌다.

"아…… 기분 많이 상했구나. 정말 미안해……. 내가 조심하지 못했던 것 같아."

"나 정말 진심으로 기분 나빴어."

"너무 생각지도 못했던 거라……. 조금 당혹스러운데, 네가 이렇게 기분 나쁠 거라고 미처 생각을 못했어. 내가 뭐라 할 말이 없다. 미안하다는 말밖에……."

"우리 아무래도 연락 그만하는 게 좋을 것 같다."

"……그래, 알았어."

전화를 끊고 나서도 한동안 머리가 멍했다. 너무도 분명하게 자신의 불쾌함을 전하는 그에게 뭐라 변명할 틈이 없었다. 빠르게 사과하긴 했지만 악의를 갖고 놀린 것도 아닌데, 나만 나쁜 사람이 된 것 같아 너무나도 억울했다. 정작 본인 친구들의 무례함 때문에 온종일 기분이 별로였던 건 나인데, 나의 망친 기분에 대해서는 한마디도 하지 못하고 왜 악당은 내가 되어야 하는지 이해할 수 없었다. 탈모인에 대해 편견을 갖고 한 말도 아니었기 때문이다.

그럴 수밖에 없는 것이 내가 지금껏 겪어온 탈모인들의

마인드는 그와 여러모로 달랐기 때문이다. 과거에 만났던 구남친들 중에서도 탈모의 조짐이 보였던 이들이 몇 있었다. 물론 그들도 탈모의 진행으로 고민이 많았지만, 머리숱을 언급하는 것에는 거부감이 없었다. 그들은 탈모에 대해 허심탄회하게 나와 고민을 나누기도 하고, '모발, 모발!' 하며 가발 광고의 유행어를 따라 하기도 했으며, 개중에는 나에게 탈모약을 발라 달라고 부탁까지 하는 이도 있었다. 탈모 현상을 부끄러워하거나 화를 내는 이를 겪어본 적이 없었던 것이다. 그런 사람들만 겪어왔으니 머리숱 발언으로 이토록 점잖게 노발대발하는 그가 생경할 수밖에 없었다. 이러한 나의 배경을 그가 알 리도 없거니와, 알았다 한들 그에게는 그저 변명일 뿐일 테니 구구절절 말할 수도 없는 노릇이었다.

처음에는 너무도 억울하고, '고작 이런 일로 화를 내고 나를 차버리다니……' 하는 생각이 머릿속을 떠나지 않았다. 입장 바꿔 생각해 보았을 때, 나라면 아무리 기분 나빴다 한들 (그냥 연락을 끊었으면 끊었지) 이렇게까지 직접적으로 퍼붓지는 않았을 것이다, 사람 무안하게……. 불쑥불쑥 튀어나오는 억울함과 동시에 이상하리만치 찝찝한 감정을 떨치기 힘들었다. 한참을 이렇게도 저렇게도 생각해 보고, 수없이 고심에 고심을 거듭한 끝에 나의 불편한 마음의 정체를 알아낼 수 있었다.

나는 여태껏 스스로를 예의 바르고, 매너 좋고, 타인을 존중하고 배려할 줄 아는 사람이라고 생각해 왔었다. 완벽하지는 않아도 그런 사람이 되고 싶었고, 그런 사람이 되기 위해 노력해 왔다고 생각했다. 그래왔던 내가 이렇게 직접적인 질책을 받고 나니 도무지 용납할 수 없던 것이 컸다. 나의 잘못을 순순히 인정하고 스스로에게 납득시키는 것이 이렇게 어려울 줄은 미처 몰랐다. 스스로를 충분히 의식 있고 교양 있는 사람이라고 과대평가한 오만함에서 이런 실수를 저지른 것이 아닌가 싶었다. 비록 어떤 편견이나 악의를 갖고 한 얘기는 아닐지라도 그의 기준에서는 충분히 불쾌할 수 있는 발언이었으니까. 좀 더 조심하지 못한, 좀 더 예민하지 못한, 좀 더 편하지 말았어야 했던 내 언행의 문제였다. 경솔했던 나의 말에 불쾌했을 그에게 다시 한번 심심한 사과의 말을 전한다.

다만 마지막으로 그가 나의 구남친들처럼 탈모 콤플렉스로부터 조금은 자유로워지길 바라는 마음을 담아 '하임호'라는 가명을 짓겠다. 이 부분은 우리끼리의 비밀로 해두자.

이름 풀이

하임호 : 유명 맞춤가발 회사 '하이모.' '탈모는 조금 불편할 뿐이지 조금도 부끄러워할 일이 아니다'라는 메시지를 모토.

<table>
<tr><td>10</td></tr>
<tr><td>월</td></tr>
<tr><td>의</td></tr>
<tr><td>남</td></tr>
<tr><td>자</td></tr>
</table>

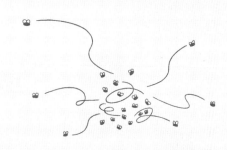

이름 。 박진표

나이 。 30

직업 。 회사원

처음 만난 곳 。 틴더

삼진아웃

완연한 가을이다. 정말 가을다운 가을. 날이 좋아서, 날이 적당해서 모든 날이 맑음이다. 이런 날씨에는 콧구멍에 가을 바람 좀 쐬러 단풍놀이를 간다거나 강변으로 커플 자전거 따위를 타러 간다면 참 좋으련만. 이렇게 날 좋은 10월에 가장 많이 하는 일은 바로 지인들의 결혼식을 순회하는 일이다. 나의 결혼은 언제가 될지 아득하고 멀기만 한데, 한 달 동안 3개의 주말을 반납하고 결혼식 하객이 될 예정이다. 그들의 결혼은 축복할 일이나, 이렇게 많은 결혼식이 집약적으로 몰려 있는 달엔 맥이 빠지는 게 사실이다.

특히나 주제넘은 오지라퍼들이 이 시즌을 놓치지 않고 내 멘탈을 흔들어 재끼려고 한다. 주변 친척이든 결혼한 지인이

든 간에 하나같이 "요즘 결혼식 많이 가는 것 같던데, 너는 결혼 안 해?" 같은 소리를 무슨 밥 먹었냐는 인사처럼 쉽게 던진다. 그럴 때마다 '결혼식 자주 가서 결혼해야 하면, 장례식 다녀오면 죽어야겠네요?' 하며 쏘아붙이고 싶은 마음을 꾹 참고 "언젠간 하겠죠"라고 대충 넘기기 일쑤다. 이런 이야기로 징징거리는 소리를 내자 친구 J가 흥미로운 권유를 했다.

"야, 그런 소린 그냥 무시하고, 너도 틴더나 한번 해봐. 내 친구는 이걸로 남친 생겨서 1년째 잘 사귀더라. 혹시 알아? 너한테도 그런 일이 생길지?"

"그럴 확률은 로또를 사지도 않았는데 1등에 나만 당첨돼서 청담 자이를 사게 될 확률이랑 같을 뻘인데?"

"그냥 심심할 때 해봐. 운 좋으면 좋은 사람 만나는 거고, 아님 말고. 소개팅 같은 부담도 없고."

틴더는 외국에서 들어온 꽤 유명한 데이팅 앱이다. 미드에서 몇 번 본 적이 있지만 실제로 해본 적은 없는데, J가 적극

추천했다. 원리는 이렇다. 설정해 놓은 거리 안에 있는 이성 (동성도 설정 가능)이 랜덤으로 뜨면 프로필 사진과 자기소개 글을 보고 'LIKE'(오른쪽으로 밀어내기) 또는 'NOPE'(왼쪽으로 밀어내기)을 선택하면 된다. 내가 'LIKE' 한 상대방도 나를 'LIKE' 한다면 매칭이 성사된다. 매칭된 사람과는 채팅할 기회가 주어진다.

J에게 틴더를 추천받은 후 심심하면 앱을 열어 폭풍 '밀어 내기'를 했다. 딱히 어마어마한 희망을 품고 시작한 것은 아니고 깃털만큼, 아니 미세먼지만큼 가벼운 마음이었다. 그럼에도 이 사람은 이래서 별로고 저 사람은 저래서 별로라고 까탈스럽게 굴며 'NOPE'을 아주아주 많이 날렸다. 본인 사진은 한 장도 없고 외제 차 로고가 박힌 운전대나 명품 시계를 찬 손목을 확대해 찍은 사진만 올리는 이들도 있었다. 그런 이들은 믿고 걸렀다. 편견이라 해도 어쩔 수 없지만, 자신이 가진 물질적인 부분을 대놓고(면서 우연히 찍힌 척) 어필하는 꼬라지가 너무 우습고 유치했다. 가진 것 중에 돈으로 살 수 없는 것들로 사람을 판단하고 싶었다. 수십 건의 'NOPE' 대잔치 중에 어쩌다 연결된 사람도 채팅을 하지 않거나, 하

더라도 재미있는 대화로 이어지기가 쉽지 않았다. 도무지 이런 걸로 사람을 만나는 게 가능한 것인지 미지수였지만, 일단은 심심풀이 땅콩으로 나쁘지 않다는 생각을 했다.

하루는 어떤 이와 매칭이 이뤄졌다. 엄청나게 특별한 것이 있어 마음에 들었다기보다는 무난함이 좋았던 것 같다. 프로필에는 출신학교나 직업에 대한 언급도 없었고, 오천만 국민의 취미인 영화감상이나 음악 듣는 걸 좋아한다는 식상한 자기소개도 없었다. 사진에서 풍기는 인상도 나쁘지 않았다. 매칭이 이뤄지자마자 곧바로 그에게서 메시지가 왔다. 기대가 없는 만큼 딱히 재미있는 대화가 오가지도 않았다. 이러다 이 사람도 흐지부지 사라지지 않을까 싶었다.

그러다 그가 오늘 마침 본가에서 독립해 첫 자취를 시작했다고 말했다. 나의 자취 경력은 10년이 넘었다고 하자 그가 이런저런 질문을 하기 시작했다.

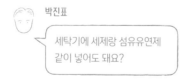

박진표

세탁기에 세제랑 섬유유연제
같이 넣어도 돼요?

네! 칸은 나뉘어 있을 거고
섬유유연제는 마지막 헹굼 때 넣으라고도 하는데
그냥 빨래 넣을 때 같이 넣어도 크게 상관은 없어요.

이것을 시작으로 나의 태평양 같은 오지랖이 발동하여 온
갖 자취 꿀팁을 전수하면서 대화의 물꼬를 텄다. 예를 들면
'좁은 자취방은 빨래가 잘 안 마르니 중간중간 뒤집어 널면
좋다(이왕이면 제습기 장만을 추천한다)'라거나 '음식물 쓰레기
는 버리기 전까진 냉동고에 얼리면 냄새나지 않고 좋다'라든
가 하는 이야기였다. 따분했던 대화는 전보다 활기를 띠는
듯했다.

그러나 약 사흘간 카톡을 주고받은 결과, 일면식도 없는
이성과 온라인에서만 대화를 이어간다는 것은 쉬운 일이 아
니라는 걸 깨달았다. 그는 하루의 시작부터 잠들기 전까지
연락을 해왔으나 우리가 나눈 대화는 기껏해야 '점심으로 무
엇을 먹었다'라든가 '지금은 어디에 있다' 같은 것들이었다.
나처럼 농담 따먹기를 좋아하고 드립 치는 것이 생활화되어

있는 사람이었다면 조금이나마 수월하게 대화를 이어 나갔을 텐데, 그는 그런 성격도 아닌 듯했다. 성미가 급한 나는 대화의 무료함을 견디지 못했고, 빨리 만나보고 연락을 이어가든지 아니면 끊어버리든지 결정하는 게 나을 것 같았다. 아무렴 오프라인의 그가 카톡 안의 그보다 지루할 수 있을까 싶었다. 그에 대해 잘 알진 못했지만, 만나기가 망설여질 정도로 이상한 사람은 또 아닌 것 같았다.

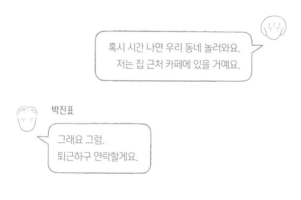

혹시 시간 나면 우리 동네 놀러와요.
저는 집 근처 카페에 있을 거예요.

박진표
그래요 그럼.
퇴근하구 연락할게요.

예상보다 더 늦은 시간에 그를 만나게 되었다. 그가 야근했기 때문이었는데, 피곤할 법 한데도 집에 들러 옷까지 갈아입고 온 그가 한편으론 고마웠다. 만났을 때도 지루하면 어쩌나 조금 걱정을 했는데, 그는 생각보다 훨씬 활달했고 낯을 가리지도 않았다. 새로운 사람을 만나서 신이 난 것인지 호기심 가득 초롱초롱한 눈빛으로 나에게 이런저런 질문을 했다. 그런 반전 덕분에 괜히 신이 나서 나도 주절주절 재미있게 대화할 수 있었다.

밤 10시가 넘어 만났기에 그리 오래 보지는 못했다. 잠깐이었지만 그래도 만나길 참 잘했다고 생각했다. 그가 너무 조용하고 차분해서 나 혼자 떠들면 어떡하나 했는데, 생각보다 적극적으로 대화를 이끌어 나가 한결 마음이 편했다. 사진보다 더 좋은 인상을 갖고 있기도 했다. 급조한 첫 만남치고 상당히 괜찮아서 약간의 기대를 품게 했다. 계속 연락할 만하다고, 또 만나봐도 괜찮겠다고.

박진표
오늘 즐거웠어요.

너무 늦게 만나서 피곤하시죠ㅠㅠ

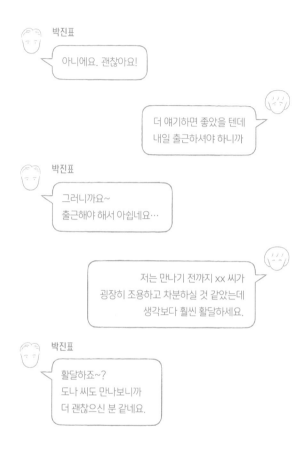

박진표
아니에요. 괜찮아요!

더 얘기하면 좋았을 텐데
내일 출근하셔야 하니까

박진표
그러니까요~
출근해야 해서 아쉽네요…

저는 만나기 전까지 xx 씨가
굉장히 조용하고 차분하실 것 같았는데
생각보다 훨씬 활달하세요.

박진표
활달하죠~?
도나 씨도 만나보니까
더 괜찮으신 분 같네요.

하지만 만남 이후로 더 확고해진 예상들도 있었다. 짐작은
했지만, 그는 나와 여러모로 다른 사람이었다. 그는 학창 시
절 내내 모범생이었고, 현재는 대기업에 다니고 있었다. 꽤나

부지런해서 출근 시간 한 시간(오분 십분은 들어봤어도 한 시간
은 처음 본다) 전에 회사에 도착하는 사람이었다('일찍 일어나는
새가 벌레를 잡아먹는다'는 속담은 이 사람이 만든 듯했다). 술은 잘
못해서 회식 때마저 한 모금도 입에 대지 않았고, 취미라고
는 운동뿐이었는데 심지어 수영장을 10년 넘게 다니고 있었
다. 성실하고 부지런한 게 특기인가 싶었다. 뭔가 사회적으로
상당히 바람직하다고 여겨지는 정석의 인생을 사는 듯했다.

반면에 나는 불량 학생은 아니었지만 모범생과는 거리가
멀었고(어렸을 때부터 좀 나대고 장난꾸러기였음), 현재는 길 잃
은 한 마리 반백수였다. 알바로 돈을 벌고는 있지만, 평일 아
침에 일찍 출근하는 일은 아니어서 내킬 때 일어나고 내킬
때 잠들었다('일찍 일어나는 새가 피곤하다'는 내가 만든 속담이다).
술은 어느 정도 즐길 줄 알았고, 운동은 죽도록 싫어했다. 게
으르고 미루는 게 특기인가 싶은 사람이다. 뭔가 사회적으로
꽤 느리고 샛길로 돌아가는 인생을 사는 듯한 사람처럼 보일
지도 모르겠다.

이런 차이 탓에 우린 생활 패턴도 굉장히 달랐고 공감대
를 찾는 것 또한 쉽지 않았다. 그가 아침 8시에 보낸 '출근 완

료' 카톡을 내가 몇 시간 뒤에 일어나 확인하게 되면, '자고 있었다'고 답장하는 것이 부끄러웠다. 나도 모르게 마음속 깊이 꾹꾹 묻어 두었던 자격지심이 언제부턴가 스멀스멀 기어 나왔다. 열심히 살고 있지 않다고, 생산적인 일을 하고 있지 않다고, 그와 나의 삶을 은연중에 비교하고 있었다. 바쁜 틈에 건강한 신체를 가꾸는 일도 게을리하지 않았던 그를 보며 당장 내일이라도 헬스를 끊어야 할까 고민하기도 했다. 나와 정반대의 삶을 사는 사람으로부터 왠지 모를 열등감을 느꼈지만, 한편으로는 오랜만에 뭐라도 열심히 해야겠다는 자극을 받게 된 것이다. 이런 사람이 곁에 있다면 나도 뭔가 에너지 넘치게 의욕적으로 바뀌지 않을까 내심 기대했던 건지도 모른다.

그런데 두 번째 데이트에서 내가 그를 너무 과대평가한 것은 아닌가 싶은 싸함을 느끼게 된 사건이 있었다. 데이트 장소는 홍대였다. 하필 공휴일인 한글날이라 북적북적 아주 난리가 났다. 나는 사람들이 붐비는 곳을 그다지 좋아하는 편은 아니어서 빨리 이 인파를 뚫고 식사 장소로 순간 이동하고 싶은 마음뿐이었다. 한참을 조급한 마음으로 걷고 있는데 그가 지나가는 행인을 보며 갑자기 말문을 열었다(여기서부터는 말을 놓기로 했다).

"쟤 좀 봐. 쟨 남자야, 여자야?"

"응?"(뭐라는 거야 대체)

"쟤는 왜 머리에 고글을 달고 다녀? 여기가 스키장인가?"

"……."(니 맴이냐, 쟤 맴이지)

"요즘 왜 저런 신발이 유행인지 정말 이해가 안 간다. 진짜 내 스타일 아니야."

"……."(너한테 이해받을 필요 없을 텐데)

"헐! 저 구찌 신발 엄청 비싸던데, 젊은 애가 참……."

"……."(살 만하니까 사 신고 다니겠지)

"어? 제너시스다. 아니 얼마 전에 우리 큰아빠가 스물여덟밖에 안 된 아들한테 제너시스를 사준 거 있지?"

"어서 앞으로 가(기나 해). 사람들 길 막지 말고."

5분도 안 되는 순간에 그는 '어쩌라고' 외에 달리 받아칠

말이 없는 코멘트를 따발총 휘갈기듯 다다다 쏟아부었다. 정말 아무렇지도 않게 마치 습관처럼 자신의 옆을 지나치는 사람들을 향해 악플을 다는 것만 같았다. 타인의 취향이 자신의 것과 다른 것을 대체 어쩌라는 것인지 나는 어안이 벙벙해서 할 말을 잃었다. 게다가 구찌 신발이 어쩌고, 제너시스가 어쩌고 하는 발언은 '사치'라는 비난의 뉘앙스를 잔뜩 풍겼다. 전셋집 보증금도 자기 손으로, 작은 경차지만 자신의 첫 차도 자기 힘으로 마련한 그가 멋지다고 생각했었는데, 그는 은연중에 그렇지 않은 이들을 한심하다 여기는 듯했다. 이게 대체 갑자기 어디서 튀어나온 무례함 통통 튀는 소리인지, 자격지심이 땅바닥을 데굴데굴 구르는 소리인지, 듣고 있는 내가 점점 낯 뜨겁고 불쾌해졌다.

맛집이라고 찾아간 곳에서 밥이 입으로 들어가는지 코로 들어가는지도 모르게 해치우고는 뭔가 찝찝한 기분을 안고 두 번째 데이트가 끝이 났다. 나에게 엄청 몹쓸 짓을 한 것도 아니고 나를 욕한 것도 아니었지만, 처음 만났을 때 느꼈던 호감은 점점 하강하는 그래프를 그리고 있었다. 역시 사람은 한 번 보고는 절대 알 수 없는 건가 싶기도 하다가 두 번만 보고 속단하는 것도 성급한 것이 아닐까 생각했다. 나는 왜 나의 싸한 촉을 전적으로 믿지 못하고 애써 남은 인류애를 끌어모아 세 번째 만남을 승낙한 것인지(왜 갑자기 '한국인은 삼세판'의 룰을 따르려 했는지), 그래서 얼마나 후회의 곡소리를 하게 될지 그때까지는 알지 못했다.

세 번째 데이트는 함께 저녁 식사를 한 후 영화를 보기로 했다. 주말이라 그런지 우리가 갔던 이탈리안 레스토랑은 데이트하는 연인들로 가득했다. 연인도 아니고 친구도 아니고, 왠지 사귀게 될 것 같지도 않은 이 어정쩡한 사람과 이곳에 와 있는 것이 별로 즐겁지 않았다. 그런 와중에 그가 물었다.

"이상형이 어떻게 돼?"

"농담 반 진담 반으로는 '섹시하고 다정한 사람'이라고 말하고 다녀."

"하하하! 그럼 농담 반 진담 반 말고 또 있어?"

"진지하게는 빡침 포인트가 같은 사람."

"너의 빡침 포인트가 뭔데?"

"일일이 말하기는 뭐하고……. 같은 걸 보고 웃는 건 쉬워도 같은 걸 보고 분노하는 건 어느 정도 가치관이 맞아야 가능하다고 보거든. 경험상 개그 코드가 맞는 건 비교적 쉬워도 분노하는 지점이 같은 건 생각보다 어려운 것 같더라구."

"아, 뉴스 같은 거 봤을 때?"

"응. 예를 들자면 그렇지. 만약에 같이 뉴스를 보다가 나는 정의롭지 못하고 분노할 일이라고 열을 내는데, 옆에서 '굳이 그렇게까지 생각하느냐'는 둥 '너무 예민한 거 아니냐'는 둥 하면 좀……. 장기적으로 봤을 때 진지하게 만나기는 어려울 것 같아."

언제부턴가 이상형에 대한 질문을 받으면 하는 대답이었다. 빡침 포인트가 같은 사람. 가끔은 그 말 대신 '광화문 광장에 같이 시위하러 갈 수 있는 사람'이라고도 대답했다. 같이 가지 않는다고 해서 헤어질 일은 아니지만(꼭 어떤 대의를 위한 시위 같은 일이 아닐지라도), 몇 자 안 되는 이 말 뒤엔 많은 뜻이 숨어있다고 믿는다. 진지한 관계를 깊고 길게 유지하려면 세상을 바라보는 시각도 같아야 수월하다는 것을 경험으로 체득한 결과였다. 취향이나 성격이 잘 맞는 것과는 별개의 문제다. 서로의 다름을 존중하는 것도 물론 중요하지만, 어떤 부분은 같아야 하는 것들이 분명 존재한다. 이상형에 대한 나의 일장 연설을 듣고 나더니 그가 또다시 입을 열었다.

"너 근데 기가 센 편이야?"

아, 느낌이 싸하다. 다음 문장은 생각하고 말해라!

"기가 약한 편은 아닌데? 그건 왜?"
"난 기가 센 여자 되게 싫어하거든."

야!!! 기 센 여자도 너 싫어해.

"그래? 나도 기가 센 남자 되게 별로야!"
"난 기 안 세……. 내가 얼마나 착한데."

이건 또 무슨 신흥자랄이신지…….

너무나도 천진난만하게 답하는 그에게 도무지 할 말을 찾을 수가 없었다. 실은 그가 연락을 주고받은 첫날부터 자신을 '착한 사람'이라고 주기적으로 어필해 왔었다. 나는 '착함'이라는 추상적인 말이 특정 성격을 묘사하기엔 턱없이 부족하다 여겨서 그다지 장점으로 와 닿진 않았지만, 그는 자신의 착함을 매우 자랑스럽게 여기는 듯했다. '착한' 그와 반대인 '기 센' 여자를 좋아하지 않는 이유를 그는 열심히도 설명했다. 전에 만나던 구여친이 무척 까탈스럽고 툭하면 시비를 걸어 자주 싸웠다는 이유에서였다. 사정을 들어보니 구여친의 성격은 꽤 괴팍한 것 같긴 하였으나, 그것이 '기 센 여자'로 범주화될 수 있는지는 의문이었다. 나에게 '기 센 여자'란 '자기주장이 확실하고, 할 말은 하고 사는 당당한 여자'를 폄하하는 단어로밖에 들리지 않았으니까. 성격이 나쁜 것과는 다른 개념이라고 생각하는데, 그가 그런 뉘앙스의 차이를 고려해서 이런 말을 할 만큼 섬세한 사람 같지는 않았다.

이번에도 체할 것 같이 밥을 넘기고는 '빨리 영화나 보고 집에 가버려야지' 하고 다짐했다. 같이 보게 될 영화는 천만

관객이 넘은 영화였다. 오랜만에 보는 코미디 영화라 나름 기대하고 있었는데, 이미 기분을 좀 잡쳐서 과연 재밌게 볼 수 있을지 미지수였다. 영화 시작 전에 광고가 연이어 나오다가 〈보헤미안 랩소디〉 광고가 나왔다. 당시 봤던 영화 중 가장 가슴 뜨거워지는 영화, 일단 한번 보면 '프레디 머큐리'의 매력에 폭 빠지게 되는 영화, '퀸'을 잘 몰라도 정작 보면 다 아는 노래만 나와서 떼창을 부르고 싶어지는, 그래서 남녀노소 불문하고 모두가 즐길 수 있는 영화였다. 개인적으로는 작품성도 오락성도 고루 갖춘 영화라고 생각했다. 그래서 그도 당연히 재밌게 봤겠거니 싶어 물었다.

"〈보헤미안 랩소디〉 봤어?"

"응. 근데 난 별로더라."

"왜? 난 재밌었는데……."

"남자끼리 쪽쪽거리는 거 역겨워서 별로였어."

순간 나의 신체 오디오 시스템이 고장 나버린 줄 알았다. 내가 뭘 잘못 들은 것인가, 이게 지금 21세기에 내 또래의 입에서 나올 말인가, 환청을 들은 것인가 도무지 믿을 수가 없어 혼돈의 구렁텅이에 빠지고 말았다. 호모포비아라니? 그것도 이렇게 대놓고 한 치의 부끄러움 없이 혐오 발언을 남발하는 사람이라니……. 그에 대한 모든 인간적 호감과 기대가 와장창 산산조각나는 순간이었다. 그를 향한 환멸의 마음이 부글부글 끓어올라 뭐라고 받아칠지 고민하다가 최대한 화를 삭이고 건넨 말이 지금 생각하면 너무나 소프트했다.

"너 요즘 세상에 그런 말 하면 안 돼."
"뭐 나는 그랬다고."

그는 자신의 발언이 어느 정도로 저급한 수준인지 전혀 인지하지 못하는 듯했다. 순간 이 영화관을 뛰쳐나갈 것인가 말 것인가 망설였다. 그러다 '아 참, 영화표 내가 샀지' 하는 생각이 스치고, 이미 시작한 영화인지라 환불받을 수 없다는 사실도 깨달았다. 영화가 무슨 죄인가 싶어 그냥 혼자 영화 보러 왔다는 셈 치고 딱 두 시간만 참기로 했다. 그래, 두 시간만 참으면 돼.

코미디 영화라 그런지 웃긴 신이 매우 많았지만 나는 마음 놓고 웃을 수가 없었다. 이토록 몰지각한 사람과 데이트랍시고 영화를 보고 앉았다니, 당장 뛰쳐나가지 못한 내가 너무도 한심해서 자괴감까지 밀려왔다. 젠더 감수성이 제로인 사람은 내가 진심으로 경멸하는 부류에 속했다. 이렇게 똥물을 끼얹은 것 같은 더러운 기분으로 어떻게 이 만남을 마무리해야 할지 도통 감이 오지 않았다.

그렇게 영화를 보는 둥 마는 둥 하다가 드디어 끝이 났다. 간만에 재밌는 영화를 본 것이 신났는지 그는 시종일관 기분 좋아보였고, 내 똥 씹은 표정은 전혀 보지 못한 듯했다. 영화관을 나와 우리는 지하철역으로 함께 걸었다. 그러다 〈보헤미안 랩소디〉에 대한 얘기가 다시 나왔다.

"백 번 양보해서 좀 익숙하지 않을 수는 있다 쳐도, 동성애자라고 역겹다는 말은 엄연히 차별 발언이야."

"근데 남자끼리 그러는 거 솔직히 좀 토 나와."

그는 마치 나의 참을성을 시험하려 어둠의 저편 어딘가의

악령이 보낸 세기말 인내심 테스트인가 싶었다. 그렇다면 나는 이 테스트에서 매우 처참히 낙제할 것이다. 이미 한계치를 넘은 일이었다. 이제는 나의 따발총을 장전할 차례.

"토 나온다고? 그게 지금 뭔 소린지 알아? 어떻게 사람의 존재 자체를 부정하는 말을 그렇게 쉽게 해?"

"존재를 부정하다니…… 그게 무슨 뜻이야?"

"좀 더 쉽게 설명해 줄까? 누가 너 이성애자라고 역겹다고 하면 그게 말이 된다고 생각해?"

"에이, 그럴 일이 어딨어? 그건 정상인데."

"정상이라니……. 그건 정상, 비정상의 문제가 아니라 그냥 주류로, 보편적인 것으로 인지돼 온 것뿐이야. 너가 아시안이라 더럽다고 하면? 네가 한 말은 인권 개념으로 봤을 때, '흑인들 저러는 거 토 나와, 장애인들 저러는 거 역겨워'라고 말하는 거랑 다를 바가 없어. 인종 차별이나 장애인 차별이나 그건 한 개인의 존재에 대한……."

"에이, 어떻게 그거랑 같아. 흑인은 안 싫지. 나 장애인 차별도 안 해."

이런 우라질! 도통 말이 안 통하네.

뇌를 절구통에 넣고 빻은 거야? 완전 복구 불능이잖아.

"나는 도무지 네 입으로 네가 착하다고 하는 거 전혀 와닿지 않는데……. 어떻게 이런 혐오 발언을 아무렇지도 않게 하면서 스스로를 착하다고 해? 완전 나쁜 사람인데?"

"아……. 참, 너 6호선 타지? 난 2호선이니까 여기로 갈게. 이 얘긴 다음에 하자."

순간 나는 북적이는 환승역 한가운데 우두커니 서서 돌덩이처럼 굳어버리고 말았다. 똥덩어리 같은 놈이 나에게 치덕치덕 똥을 묻히고 냅다 튀어버렸다. 저놈 귀에 대고 "너 냄새 나고 더럽다"고 고함치고 싶었는데……. 그럴 기회조차 박탈당하고 합정역 환승통로에 우두커니 똥 묻히고 서 있는 나를 좀 봐라. 그가 나의 빡침 '포인트'의 정'점'을 아주 보기 좋게 화룡'점'정 하고는 내빼버렸다. 그 뒤로 우리는 누가 먼저랄 것도 없이 자연스럽게 연락을 끊었지만, 내가 느낀 불쾌감은 한동안 끊어내기 쉽지 않았다.

누구에게나 타인의 몰지각함을 참을 수 있는 캐파capacity의 마지노선이 있다고 생각한다. 나를 어떻게 대하느냐도 중요하지만, 사회적 약자 또는 소수자(라고 인지되는 타인)를 대하는 태도 또한 나에게 매우 중요한 부분이다. 그 태도가 그 사람의 됨됨이를 보여주는 거울이라고 생각하기 때문이다. 타인의 취향을 존중하지 않고, 여성을 폄하하고, 동성애자를 혐오하는 쓰리 콤보를 한꺼번에 보여주는 사람이라니……. 잠깐이었지만 그가 무척이나 성실하고 열심히 사는 멋진 사람이라고, 배울 것이 많은 사람이라고 판단한 나의 뇌를 깨끗이 씻어내고 싶었다.

물론 그도 누군가에겐 착한 사람, 착한 아들, 착한 남친, 착한 동료겠지만, 나에게 좋은 사람이 '좋은 사람'이고, 나에게 나쁜 사람은 그저 '나쁜 사람'일 뿐이다. 아마도 그는 역사상 나의 빡침 포인트를 제대로 가격한 사람 중 한 명으로 기억될 것이다.

이름 풀이

박진표 : 나의 '빡침 포'인트를 제대로 건드린 남자.

| 11 |
| 월 |
| 의 |
| 남 |
| 자 |

이름 。 Tai Ming

나이 。 29

직업 。 알 수 없음

다시 만난 곳 。 제주도

그때는 틀리고
지금은 아니다

　날이 꽤 쌀쌀해졌다. 한국은 진정 사계절의 나라가 맞는가 싶게 벌써 겨울의 문턱에 들어선 것 같다. 아직은 가을을 보내고 싶지 않다. 자꾸만 도망가려는 이 계절의 끝을 잡고 센티함에 젖어 들고 싶다. 이런 게 가을 타는 건가? 바람에 뒹구는 낙엽만 봐도 쓸쓸하고 공허한 이 마음을 채울 길이 없어 자꾸만 어디론가 훌쩍 떠나고 싶어진다. 이왕이면 조금이라도 더 따뜻한 곳으로 말이다.

　매번 떠나야지 떠나야지 하는 생각을 가슴에만 품고 실천하지 못했던 나를 이번에는 조금 더 다그쳐 보기로 했다. 가까운 곳으로라도 떠나자고, 굳이 외국으로 나가지 않아도 익숙한 곳에서 벗어나 휴가다운 휴가를 보내보자고. 그래서 생각해 낸 것이 제주도 여행이다. 여유만 된다면 언제든 가볼 만한 가치가 있는 여행지라고 근거 없는 믿음이 있는 곳이었다. 그래서 얼마 전부터 두근거리는 마음으로 제주도 여행을 차근차근 준비했다. 왜 그 있지 않나? 여행 가기 전에만 느끼는 '소풍 가기 전날의 초딩'스러운 설렘 같은 거.

그런 잔잔한 설렘을 만끽하던 중에 뜻밖의 소식은 정말 뜻밖의 사람에게서 예고 없이 찾아왔다. 이번 여행은 오롯이 혼자 하는 여행으로 계획했고, 이런 평범한 일상 속의 평범한 휴가 계획에 어떤 변수라는 것이 작용할 것이라고는 생각 지도 못했는데 말이다. 그것도 여행을 떠나기도 전에. 나는 이 예기치 못한 손님이 이번 여행의 귀인이 될지 불청객이 될지 그때까지 알지 못했다.

제주 여행을 불과 3일 앞둔 날 페이스북 메신저가 백 년 만에 알림이 울렸다. 누구지? 내 페이스북은 이미 사망한 지 오래인데. 계정을 폭파시키지 않았을 뿐이지 게시물을 올리 지 않은 지 몇 년이 지났나 기억도 안 나서 어플이 아직 깔려 있었다는 것도 잊고 지냈는데…… 걱정 반 설렘 반으로 앱

을 열어보았다. 그곳에 예상치 못한 그의 안부 인사 한 줄이
떠 있었다.

Tai Ming
Donna, how are you?

'하우아유? 갑자기??? 아임파인땡큐 앤유다 이 자식아'라
고 말하고 싶었지만 나는 매우 예의 바르고 교양 있는 지성
인이므로 으레 하는 적절한 인사를 건넸다.

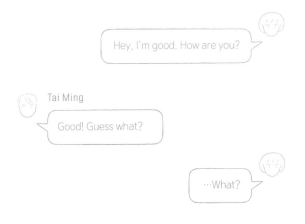

Hey, I'm good. How are you?

Tai Ming
Good! Guess what?

…What?

Tai Ming

I'm coming to Korea!

쏘…… 왓? (그래서 어쩌라고요)

Okay… Congratulation…?

Tai Ming

I want to see you!

Why…?

Tai Ming

Because!! I miss you!

… But … why…?

이쯤 되면 그와 나에 대한 역사를 읊어야 할 때가 아닌가 싶다. 그는 아주 오래된 친구다. 현재까지 돈독한 우정을 나누고 있는 그런 친구는 네버 아니고 말 그대로 오래전 친구. 친구라는 범주 안에 넣을 수 있을지도 매우 모호한 친구. 피상적으로 말하자면 그는 호주 유학 시절에 만난 대학교 친구이고, 국적은 중국이다. 그를 처음 알게 되었던 건 1학년 때 같은 수업을 들으면서였고, 졸업 후 내가 한국으로 영구 귀국하면서 볼 일도 없었고 연락도 하지 않았기에 그의 갑작스러운 연락이 말 그대로 많이 갑작스러웠다.

좀 더 내밀한 이야기를 해보자면 이렇다. 그와 나는 상당히 빨리 가까운 친구가 되었다. 영어가 모국어도 아니고, 그렇다고 엄청 유창하게 영어를 구사하는 것도 아닌 우리가 언어의 장벽을 넘어 '말하지 않아도 알아요, 초코파이 정' 같은 친구가 되어버린 것은 우리 두 사람 모두를 놀라게 했다. 그 시절 나는 작은 것 하나에도 혹하여 심장이 두근거리던 풋풋한 20대 초반. 그래서였는지 그와의 접점을 발견할 때마다 순간순간이 놀라웠고 그것이 우리 관계에 어떤 특별함을 가져다준다고 생각했었다. 아니 착각했었다.

사람이 참 그렇다. 호감이 가는 상대와 나의 몇 가지 접점을 발견해 버리고 나면 쉬이 특별한 관계로 규정해 버리는 경솔함이 발동한다. 그때의 나도 그랬다. 알고 보면 우리는 접점보다 다른 점이 훨씬 더 많았을 텐데, 그저 수백 가지의 다른 점보다 손가락에 꼽을 만큼 몇 안 되는 닮은 점을 비교적 먼저 발견했을 뿐일 텐데. 그런 쪽으로는 생각해 볼 겨를도 없을 만큼 우리는 어리석었고, 사소한 접점에 호들갑을 떨 만큼 매우 순진했다.

뭐 여기까지야 큰 문제가 될 만한 이야기는 아니다. 공감과 유대가 급속도로 이루어진 남녀 사이에 이 정도 감정과 호들갑을 떠는 것이 무슨 문제가 되겠느냐만…… 문제는 당시 그와 내가 싱글이 아니었다는 점이다. 그렇다. 자칫 잘못하면 〈사랑과 전쟁〉을 찍게 생긴, 막장 아침 연속극에 나와 김치 싸대기를 맞게 될지도 모를 아주 위험한 경계선 어딘가에 그와 나의 우정을 넘은 호감이 자리하고 있었다. 바람을 핀 것도, 안 핀 것도 아닌 매우 모호한 관계. 나의 다사다난한 연애사 한가운데 자리한 도덕적 옥에 티이자 죄책감의 결정체, 캠퍼스 로맨스의 절망편. 시기를 잘못 만나 이루어질 수 없었고, 이루어져서도 아니 됐던, '인생은 타이밍'이란 말의 산증인이 바로 그와 나였던 것이었던 것이었다.

그저 이러지도 저러지도 못하는 마음만으로, 암묵적인 동의하에 서서히 마음을 접은 것으로 사이가 끝났더라면 내가 이렇게 난리 블루스를 추지도 않았겠지만, 문제는 한 가지 더 있었다. 아주 첩첩산중, 설상가상, 점입가경의 전주비빔밥이었다.

어느 날 술이 거나하게 취한 그는 나를 불러내 기습 키스를 한 것으로(응? 갑자기?) 우리의 관계를 정리해 버렸다. 기습 키스가 드라마나 영화에서는 멋있게 그려지지만, 상대의 동의가 없는 실제 상황에선 큰 재앙을 불러일으키는, 용서받지 못할 행위가 되어버린다. 나는 그를 죽일 듯이 밀쳐냈고, 그는 순간의 절제력을 잃은 자신의 행동을 견디지 못하는 듯했다. 서로를 잃지 않기 위해 상대의 마음을 모르는 척, 꼭꼭 숨겨온 자신의 마음을 잘못된 방법으로 기어이 터뜨려 버리고 만 것이다. 이런 식으로 이 관계에 방점을 찍고 싶지는 않았지만 결국 어떤 식으로든 끝을 봐야 했던 관계였기도 했다.

며칠 후 맨정신으로 만난 우리는 품어서는 안 될 서로의 감정을 처음으로 인정했고, 각자 양심의 가책을 느껴 괴로워했고, 자기 자신의 그릇된 마음에 실망했고, 끝나버린 우정에 절망했다. 자기 자신의 도덕적 신념이 무너짐과 동시에 소중한 친구를 잃는 두 가지 상실을 경험한 나름 비극적인 사건이었다. 마음이 잘 맞는 친구였지만, 그 마음이 서로 잘못 맞아버렸으므로 어쩌면 당연한 결과였다.

지금이야 뭐 너무도 옛날 일이니 코웃음으로 넘길 수 있지만, 그건 그 일이 과거에 머물러 있어 가능했다. 이미 끝난 일, 죽어버린 일이어서……. 그런데 그 일이 왜 갑자기 저 지옥 끝에서 불사신처럼 살아 돌아와 현재의 나의 꿈 같은 휴가를 방해하려는가 말이다.

내가 보고 싶다고 했다. 굳이 만나서 뭘 어떻게 해보겠다는 생각은 아니겠지만, 또 뭘 어떻게 할 마음이 없다고 해서 굳이 볼 만한 사이도 아닌 것 같고, 그렇다고 또 피하는 것도 웃긴 것 같고……. 내 속에 내가 너무도 많아 갈등의 소용돌이가 자진모리장단을 쳤다.

(편의상 여기서부터는 한국어로 의역하여 적기로 한다)

음… 내가 왜 보고 싶은데?

Tai Ming

왜가 어딨어?
가는 김에 겸사겸사 보면 좋잖아.
안 그래?

그래서 언제 오는데?

Tai Ming

11월 둘째 주. 일주일 동안 가.

그래? 이걸 어째.
나는 그때 여행가는데?

Tai Ming

어디로?

제주도.

Tai Ming

왓더퓍?

Tai Ming

아이 해브 체주 아일랜드 스케줄!!!
오 마이 갓! 이거 친짜야???

　얘기를 나눠보니 그와 나의 일정은 제주도에서 딱 하루, 그 빌어먹을 하루가 겹치는 일정이었다. 이것을 다행이라고 해야 하는지 불행이라고 여겨야 하는지 감이 오지 않았다. '그래, 뭐 외국인 친구가 혈혈단신 혼자 한국에 온다는데 이 정도 호의쯤이야 뭐 어때?'라고 생각하다가도 뭔가 자꾸 석연치가 않아 적잖이 불편했다. 이럴 땐 또 쓸데없이 마음이 약해져서 거절도 못하고, 겹치는 그 하루를 그와 만나버리기로 약속을 잡았다.

　3일이 지나 드디어 여행의 첫날, 김포공항에서 가벼운 마음으로 이륙해야 하는데 내 마음이 너무도 무거워 비행기가 안 뜨는 것은 아닌가 쓸데없는 걱정을 했다. 그런데 걱정을 한 건 맞나 싶게 착석하자마자 바로 곯아떨어져 눈떠보니 제주에 도착해 있었다. 어차피 마지막 날에 만나기로 약속한지라 당분간은 에라 모르겠다 심정으로 나만의 홀로 여행을 즐기기로 했다.

있으면 있는 대로 없으면 없는 대로, 목적도 목적지도 없는 무계획 여행 속에 자연이 선물한 날것의 내음을 만끽하느라 시간 가는 줄 몰랐다. 풍경을 바라보는 것만으로도 이토록 마음의 평화가 오는 곳이라니. 제주에 참으로 오길 잘했다는 말만 백 번은 한 것 같다. 아무것에도 제약당하지 않는 기분, 철두철미한 계획이 없어도 이렇다 할 문제없이 유유자적 흘러가는 하루가 나를 벅차오르게 했다.

나의 평화로운 여행은 아마도 여기까지일 것이다. 드디어 대망의 그날이 오고야 말았기 때문이다. 5년 전 생각 없던 어린 날 스쳐 지나 희미해져 버린 그를 제주도에서 만나게 되다니……. 심란한 마음으로 제주의 아름다움을 응시하고 있다 보니, 마치 저 푸른 초원 위에 던져버린 부메랑이 잃어버린 줄로만 알았던 시간을 돌고 돌아 다시 나에게로 거세게 날아오는 것 같은 기분이었다. 나름 위험해 보이니 가드를

올려야겠다. 안 그러면 날아오는 부메랑에 턱주가리가 날아갈지도 모른다.

나는 그와 함께하는 시간을 최소화하기 위해 식사 시간을 모두 피한 늦은 저녁 시간을 골랐는데, 생각해 보니 차라리 밝을 때 만날 걸 하며 후회했다. 해가 지고 난 어둠의 시간을 그가 제발 감성적으로 받아들이지 않길 바라며 숙소 근처의 카페 주소를 그에게 보냈다. 그러다가 다 큰 어른이지만 외국인이기에 약속 장소에 못 찾아올까 봐 괜히 걱정은 많아가지고는, 이렇게 저렇게 해서 구글맵을 어쩌고저쩌고 전화로 친절히 설명하는 오지랖도 빼먹지 않았다.

"알아, 알아. 이 정도는 내가 알아서 갈 수 있어. 나 베이비 아니야. 지금 내 걱정하는 거야?"

"걱정하는 건 아니고, 너가 헤매서 시간 낭비하는 것보다는 낫잖아."

"에이, 걱정하는 거 맞으면서. 알았어. 금방 갈게. 내비 보니까 15분 정도 걸릴 거 같아."

괜히 또 친절했나. 나는 왜 이리도 찔끔찔끔 마음 쓰는 일을 멈추지 못하는 것인지 나 자신을 책망하면서 그를 기다렸다. 달달한 청귤에이드를 3분의 1쯤 마셨을 때 그가 들어왔다. 5년 만에 만난 친구도 뭐도 아닌 이 남자가 왠지 어색해 머쓱한 미소로 인사를 했다.

"일어나. 가자!"

"응? 갑자기 어딜?"

"봐 놓은 곳이 있어. 어메이징한 비치beach야!"

"어메이징한 비치bitch는 난데."(참고로 이놈은 이런 아재 개그를 몹시 좋아한다. 내가 좋아하는 거 아님)

"하하하하하! 알아. 어메이징한 비치에 어메이징한 비치를 데려가면 얼마나 어메이징하겠어?"

아…… 이런 몹쓸 개그 욕심 좀 버려. 돈두댓!

"1절만 해라!"

"가자 빨리! 시동 켜놨어."

"알았어, 알았어."

그의 렌터카에 몸을 싣고 목적지도 모른 채 나는 못 이기는 척 이끌려 갔다. 5년 만에 만났지만 알 수 없는 편안함과 근거 없는 신뢰가 그와 나 사이 어딘가에 자리하고 있었다. 그렇게 10분쯤 달렸을까, 왠지 익숙한 풍경이 눈앞에 펼쳐졌다.

"다 왔어! 여기야."

"여기라고?"

"응. 이름이 뭐였더라? 헤비heavy 비치?"

"헤비가 아니라 해비치."

"오? 어떻게 알았어?"

"어제 낮에 왔던 곳이야. 일부러 한적한 스폿을 골라서 이 부근으로 왔었는데……."

"오우, 정말? 언빌리버블! 우리 또 통한 거야?"

'또'라고 했다. 그렇다. 그는 '또' 나에게 이런 접점을 부여함으로써 내 마음의 빗장에 노크를 하는 것이었다. 좋아하는 장소, 좋아하는 음악, 좋아하는 영화 따위의 취향이 얼추 일치할 때, 나의 마음은 타인에게 냉큼 무장해제 해버리는 나약함을 갖고 있었다. 그러한 나약함으로 과거의 나는 얼마나 많은 실수를 저질렀는가. 나쁘지 않은 시도였다만, 이제 그런 것으로는 마음이 동하지 않는다. 아무런 맞장구를 치지 않는 나를 보고는 그가 다시 말문을 열었다.

"그동안 어떻게 지냈어? 어떻게 지냈는지 궁금해."

나를 궁금해하는 타인을 마주하는 것이 매우 오랜만임을 깨달았다. 잠깐 고민하다가 근황 토크 정도야 조금은 가드를 내리고 주절거려도 되지 않을까 싶어 근 5년간 나에게 일어났던 굵직굵직한 사건들을 쏟아냈다. 그는 나의 이야기에 적절히 장단을 맞추며 그 또한 자신의 5년을 털어놨다. 어제 만난 친구 같은 잔잔한 편안함과 익숙함이 나쁘지 않았다. 밀려오는 파도 소리와 신발 밑창으로 느껴지는 백사장 모래 밟는 소리가 나지막이 배경음으로 깔리고 있었다.

대화 끝에 명확하게 정리된 정보가 있다면 그건 우리 둘다 싱글이라는 사실이었다. 대화가 그 대목을 언급하는 시점에 도달하자 잠시 또 정적이 흘렀다. 간헐적인 정적을 깨는 건 항상 그의 천진난만한 척하는 질문들이었다. 상황을 너무 진지하고 심각하게 만들지 않으려는 그의 노력을 잘 알면서도 나는 그가 친근함을 느낄 만한 대답을 피해 가는 것으로 무뚝뚝함을 유지해야 했다.

"기억나? 우리 같이 골드코스트 해변 걸었던 거. 이렇게 너랑 같이 걸으니까 그때 생각이 나네."
"그러고 보니 그때도 이맘때였던 거 같은데……."

그리고 그는 수년 전 그 해변에서 내게 했던 똑같은 질문을 하기 시작했다.

"한국 인구가 얼마야?"
"옛날에도 물어봤잖아, 똥멍청이야! 까먹었어?"
"그냥 좀 대답해 주면 안 되나?"
"5천만."

"그럼 중국 인구는 얼마인 줄 알아?"(슬슬 감이 오는가?)

"13억?"

"아니야, 늘었어. 14억."

"그래, 좋겠다. 니네 나라 인구 늘어서."

그는 나의 비꼼을 전혀 아랑곳하지 않고 말을 이어갔다.

"중국이랑 한국 인구 합해서 14억 5천만이야. 그중에 너랑 내가 여기 제주도에서 만났어."

"으…… 너 이 얘기 전에도 했던 거 기억은 하니?"

"하지! 신기하지 않아? 나는 매번 신기한데!"

"난 별로."

수년 전 호주 골드코스트 해변에서 그가 '13억 5천만 중에 너와 내가 중국도 한국도 아닌 호주에서 만나게 되었다'는 말을 했을 때 잠시 그가 나의 운명이 아닐까 생각한 적이 있었다. 국적도 다르고 모국어도 다른 우리가 타지에서 만난 탓에 '운명'이라는 단어는 더욱더 극적으로 다가왔었다. 그 시점의 내 귀엔 그 말이 얼마나 달콤했었는가 문득 떠올라 얼굴이 화끈거릴 정도로 부끄러워졌다. 그렇게 달콤했음에도 그 시절 그와 내가 이어지지 않은 데엔 다 그럴만한 이유가 있는 거였다. 우연과 우연이 반복될 때 그것이 운명이라고 치부해 버리는, 우리는 운명이니까 이럴 것이고 저럴 것이라는 경솔함은 더 이상 나에게 존재하지 않았다.

'우리가 그 시절 서로에게 짝이 없었더라면'이라는 가정도 이미 여러 번 상상해 본 일이다. 결론은 '과거에 대한 가정'만큼이나 바보같고 쓸데없는 일도 없다는 것이다. 어차피 완벽한 대안을 추측할 수도, 추측한다 한들 다시 그렇게 바뀌어 일어나지도 않을 일이다. 시간을 거스르는 가정은 이처럼 어리석다는 것이 나의 지론이다. 그것은 헛된 희망을 불러일으키고, 가정대로 행하지 못한 과거에 대해 후회만 하게 할 뿐이다.

그냥 그 정도였던 것이다. 지금도, 그때도 우리는 서로에게 간절하지 않았다. 우리는 우리의 순간을 이미 지나쳐 와버렸고, 어쩌다 우연히 오늘 일정이 겹쳐 이곳을 함께 걷고 있을 뿐이다. 아니면, 당신이 내 생에 다신 없을 운명이라고 착각할 만큼 마음이 동하지 않았던 것뿐이다.

그도 더 이상 무모한 고백 같은 건 하지 않았다. 누울 자리를 보고 다리를 뻗는 사람이기도 하거니와 그때나 지금이나 구구절절 설명하지 않아도 나의 마음을 헤아릴 줄 아는 사람이었다. 그의 그런 배려를 너무도 잘 알아서 매우 고맙고, 또 조금 슬퍼졌다. 우리는 서로 아무 말도 하지 않았지만 아마도 같은 생각을 하고 있음을, 이미 암묵적으로 동의하고 있음을 함께 걷고 있던 밤바다의 기운 속에서 느낄 수 있었다. 우리의 때는 이미 지나버렸다고, 슬퍼하거나 아쉬워할 필요도 없다고. 속으로 서로를 향해 쓴웃음을 짓고 있겠지 싶었다.

나를 다시 숙소로 데려다주면서 그가 익숙한 노래 한 곡을 틀었다. 그가 예전에 내게 추천해 준 'Joanna Wang'의 〈The best mistake I've ever made〉라는 곡이었다. 한때 우리의 주제곡 같은 노래였지만, 지금 들으니 꽤 가관이라는 생각 때문에 이마를 탁 칠 뻔했다. 후렴구에 '넌 내가 저지른 최고의 실수야'라는 구절이 반복되는 노래다. 세상에……

으…… 정말 끝까지 세상 간지럽게 구네, 이 자식.

그렇게 제주의 마지막 밤은 저물어갔다.

이름 풀이

Tai Ming : 타이밍이 어긋났던 사람. 중국인이므로 중국어 성조를 넣어 읽으면 더 좋음.

| 12 |
| 월 |
| 의 |
| 남 |
| 자 |

이름 。 고아연

나이 。 32

직업 。 회사원

처음 만난 곳 。 소개팅(카페)

어쨌든
메리크리스마스!

　오늘은 눈이 많이 오네요. 좀 춥죠? 올해는 화이트 크리스마스일까요? 성인이 되고 나선 눈이 별로 반갑지 않았어요. 길이 얼면 미끄럽기도 하고 녹을 때는 질척이고 더러워지기도 하니까. 그래도 이상하게 크리스마스만큼은 눈이 왔으면 좋겠어요. 크리스마스에는 뭐 하세요? 저는 아무 계획 없어요. 모태 무교다 보니 크리스마스가 저에게 그리 특별한 날도 아니고, 딱히 매년 챙기지도 않지만……. 왠지 모르게 괜히 이맘때가 되면 들뜨고 그러잖아요. 날은 추운데 마음은 따뜻해질 것만 같은 기분이요. 원래 연말에는 커플이 되기 쉬운 시기라던데(과학적 근거 없음) 올해에는 가능할지 모르겠어요. 왠지 제 얘기는 아닐 거 같고. 뭐, 아니면 좀 어때요?

안 생긴다고 신세 한탄하는 건 아니에요. 싱글이라고 다 우울하고 외롭고 그런 건 아니니까. 삶의 풍요가 연애에서만 오는 건 아니잖아요. 재밌는 게 얼마나 많은데요. 하고 싶은 것, 새롭게 배우고 싶은 것도 많아졌어요. 독립출판이라고 아세요? 책 만드는 일인데, 혼자서 글도 쓰고 편집도 하고 유통도 하는 건데요. 요즘엔 그 일에 빠져있어요. 글을 쓰다가 막히거나 뭔가 모자라다 싶으면 그 부족함을 채우려고 또 책을 읽어요. 인풋이 있어야 아웃풋도 있는 법이니까. 독서 모임에 나갈 때도 있어요. 제 생각을 말하고 제가 미처 생각하지 못했던 다른 사람의 의견을 들으면서 배우는 게 참 재밌어요. 또 이젠 건강도 챙길 나이라 운동에 취미를 붙여보려고 해요. 물론 시도는 여러 번 해봤는데 매번 실패해서 또 도전하는 거예요. 운동을 좋아하는 편은 아닌데, 많은 걸 하고 싶은 만큼 그에 필요한 체력도 중요한 것 같더라고요. 그래서 이젠 좀 꾸준히 해보려고요. 아 참! 좀 고상한 취미라고 생각할 수도 있는데, 저 프랑스 자수도 할 줄 알아요. 틈틈이 하는데, 한번 집중하면 시간 가는 줄 몰라요. 완성하면 주로 지인들한테 선물로 줘요. 아무래도 한 땀 한 땀 정성과 시간이 드는 일이라 받는 사람도 좋아하고 주는 저도 뿌듯하고 그래요.
참, 배우고 싶은 거 또 있다! 베이스 기타랑 스케이트보드요.
재미있겠죠?

뭐가 엄청 많다고요? 뭐 딱히 그렇지도 않은데……. 연애
를 바빠서 '못' 하는 것도 맞지만 '안' 하는 쪽에 가까워요. 지
금 생활에 많이 익숙해진 탓도 있고, 이제는 뭐랄까 절대 시
간이 부족한 느낌이랄까요? 하루에 이것도 해야 하고 저것도
해야 하는데 거기에 누군가를, 그것도 '괜찮은 사람' 서칭
searching하는 시간을 끼워 넣기가 애매해졌어요. 찾아 헤맨다
고 찾아지는 것도 아니고. 자연스럽게 제 앞에 '뿅!' 하고 나타
난다면 모를까. 그런데 또 그런 일이 쉽게 일어나나요, 뭐…….
안 그래요?

제가 이런 이야기를 하면 연애를 하기 싫어하는 줄 알아
요. 서로 사랑하고 의지할 타인이 존재한다는 것은 참 좋은
일이죠. 연애의 순기능이잖아요. 그런 상대를 만난다는 건 복
이잖아요. 저도 겪어봐서 잘 알고……. 인생에 또 다른 행복
을 안겨주잖아요. 그래서 좋은 사람을 만나고 싶다는 생각도
여전히 하긴 해요. 좀 더 정확히 말하자면 '좋은 사람을 만나

행복한 연애를 하는 것도 좋지만, 안 해도 별일 없이 잘 산다'는 게 제 요점인데, 이 개념이 그렇게 어려운 건가 싶어요. 왜 사람들은 자꾸 싱글인 상태를 괜찮지 않은 것처럼 측은해하거나 웃음거리로 소비할까요? 제 주변엔 싱글이면서 자기 할 일 열심히 하고, 취미도 즐기고, 지인들이랑 즐거운 시간도 보내고 하는 친구들이 널렸는데……. 다들 진짜 즐겁게 살아요. 그런데 또 이렇게 말하면 반어법인 줄 알아. 어휴, 참 알다가도 모를 일이에요.

죄송해요. 제가 좀 열을 냈죠? 아, 선택적으로 연애를 안 하게 되는 이유 또 하나 생각났어요. 이제는 시간 낭비를 하는 것이 싫어요. 저는요, 사람을 만날 때 감정 소모가 좀 큰 사람이더라고요. 물론 관계의 깊이만큼 소모되는 감정의 농도는 다르겠지만……. 누군가를 만나고, 이야기를 나누고, 시간을 쓰고, 신경을 쓰는 일련의 일들이 저에게는 마음의 품이 많이 드는 일이에요. 살면서 수없이 많은 이들을 스치고 만나고 떠나보내는데, 그럴 때마다 소모되는 에너지가 있잖아요. 그 에너지를 허투루 쓰고 싶지 않아요. 이왕이면 진심을 다하고 싶고, 상대가 하는 이야기를 경청하고 싶고, 매 순간 최선을 다하고 싶고, 그런 욕심이 있어요. 그런데 그건 욕심일 뿐이지 모두에게 그럴 수는 없으니까 누구를 만나느냐 하는 것에 더 신중해지는 것 같아요. 이성한테만 해당되는 건 아니고요. 누구든요. 마음을 얕게 많이 쓰는 것보다 깊고 적게 쓰고 싶은 거예요. 그래서 선택과 집중이 필요합니다.

아마도 그렇기 때문에 좀 더 까탈스러워질 수밖에 없나 봐요. 상대가 모자라서, 나빠서가 아니라 도무지 나와 맞지 않을 것 같다는 생각이 들면 미련을 버리는 편이에요. 아무리 괜찮은 사람이라도, 많은 사람에게 좋은 사람이라는 평가를 받는다 해도 저랑 안 맞으면 말짱 꽝이잖아요. 그래서 저라는 사람과 맞는 사람이냐를 유심히 살펴보게 돼요. 단순히 취향이나 성격을 본다기 보단 상대의 전체적인 결을 본달까요. 물론 퍼즐 조각처럼 백 프로 딱 들어맞는 걸 찾는 건 아니에요. 불가능하죠, 그건. 그래도 그런 거 있잖아요. 저와 결이 비슷해서 맞춰갈 수 있겠다는 가능성이 보이는 사람, 계속 알아가고 싶은 의욕이 생기는 사람. 당연히 따져야 할 부분이라고 생각해요. 상대와 나 모두를 위해서요. 물론 아직 인연을 못 만난 것일 수도 있죠. 그만큼 마음을 울리는 사람이 안 나타난 것도 맞아요. 맞아요, 맞는데……. 좋은 사람, 잘 맞는 사람과 연이 닿는다면 행운인 거지만, 굳이 나랑 잘 맞는 사람도 아닌데 그냥 '얼추' 괜찮아 보인다고, 연애가 하고 싶다고 사귈 수는 없잖아요. 주객전도가 되면 안 되는 거니까……. 인생은 짧고, 세상은 넓고, 사람은 많은데, 엉뚱한 사람한테 삽질할 시간이 어딨어요? 하하하! 이런 게 계산적인 건가요? 이런 게 눈이 높은 걸까요? 그래도 할 수 없어요. 그런데 이런 계산이 과연 나쁜 걸까요? 이런 게 눈이 높은 거라면 그게 정말 나쁜 걸까요?

제가 나이가 그렇게 많은 건 아니지만 한 살 두 살 먹으면서 좀 더 이성적으로 사람을 보려고 노력하게 되더라고요. 예전엔 어쩌다 마음에 드는 부분을 발견하면 거기에 꽂혀서 그 하나만으로도 기꺼이 내달렸어요. 속수무책으로 앞뒤 재지 않고 그냥 감정의 소용돌이 속에 풍당 빠져버려서 허우적댔죠. 그게 무조건 나쁘다는 건 아닌데……. 무슨 말인지 아시죠? 다행히도 여러 번의 만남과 헤어짐으로 학습된 것들은 다시 답습하지 않으려고 노력해 왔어요. 물론 백 프로 다 고쳐지는 건 아니지만 누구든 더 나아지고 싶고 성장하고 싶잖아요. 그래서 이젠 좀 냉철해지려고 노력하는 거죠. 감정의 노예가 되면 결국 제가 시달리니까. 과거엔 좋게 말하면 순수했죠. 감정에 충실했던 거…… . 장단점이 있는 것 같아요. 그때의 방식이나 지금의 방식이나. 하나씩 하나씩 자신에게 더 맞는 방식을 찾아가는 거겠죠?

이렇게 말하면 좀 아이러니한데, 한 가지 아쉬운 게 있다면 이젠 절실함이 없다는 거예요. 나도 상대도. 절실해야 의지도 생길 텐데, 누구 하나 아쉬워하지 않아요. 잘 되면 좋지만 안 돼도 그만이라는 생각이라…… . 나쁜 건 아니지만 가끔은 그런 마음이 황량하게 느껴질 때가 있어요. 뜨거워지지 않는 마음 말이에요. 끓는점이 너무 높아진 걸까요? 그런데 또 한편으로는 나도 모르는 사이 쉽게 끓어오르지 않아서, 그렇게 휘둘리지 않고 평온해서 좋기도 해요. 제가 이렇게 변덕스러워요. 참 웃기죠.

제 성격이요? 보시다시피 할 말은 좀 하는 성격인데, 소심해질 때도 있어요. 사람이라는 게 한 가지 성향으로 정의하긴 좀 그렇고, 상황마다 대처 방식이 달라지기도 하고 그러잖아요. 어떨 때는 적극적이었다가 어떨 때는 나서지 않기도 하고. 누군가에게는 욱하고 불같이 화를 내기도 하는데, 기대나 관심이 없는 상대한테는 오히려 아주 차분하게 대하기도 해요. 아, 너무 부정적인 부분만 얘기했나? 제가 좀 '불호'가 앞서는 성격이라⋯⋯. 예민한 것과 동시에 섬세하기도 해서 주변 사람들을 잘 챙기는 편이에요. 쓸데없이 정도 많고, 잘 무시를 못 해요, 신경 쓰여서. '겉은 강해 보이는데 속으로는 상처 잘 받아' 같은 말은 너무 진부한 것 같아서 하지 않겠지만(이미 함), 누구든 그런 면이 조금씩 있지 않을까요? 아, 어렵다. 사람이라는 우주를 어떻게 한정적인 언어로 다 표현하겠어요? 저 요약하기 어려운 사람이에요. 어? 뭐예요? 방금 살짝 재수없어 하는 표정 보인 것 같은데⋯⋯. 하하하!

한때는 사랑받고 싶다는 욕구가 강했어요. 사랑받고자 하는 몸부림의 연속이었죠. 상대의 애정을 제대로 확인해야 안심했던 것 같아요. 그런 욕구로 타인을 대하는 건 안 봐도 뻔해요. 종국엔 건강하지 못한 관계를 낳죠. 어쩌면 타인의 애정 없이 나 자신을 온전히 사랑할 방법에 무지했던 것 같아요. 30년이나 그걸 모르고 살았어요. 이제야 조금씩 눈을 떠서 저 자신과 대화하는 시간을 갖는 중이에요. 뭐 그렇다고 혼자서 중얼중얼 모놀로그 찍는다는 건 아니고요. 줄곧 외면해왔던 나에 대해서, 나도 몰랐던 나에 대해서, 편견을 갖고 있던 나에 대해서 돌아보는 시간에 집중하고 있어요. 저를 잘 이해해 보고 싶어서요. 가능하다면 온전히 나를 사랑해 보고 싶어서요.

살면서 '유유상종'의 좋은 예, 나쁜 예를 수도 없이 봤는데, 그로부터 배운 건 좋은 사람을 만나고 싶으면 나부터 좋은 사람이 되어야 한다는 거예요. 그래서 지금은 온전히 저한테 집중하고 있어요. 정말 좋은 사람이 되고 싶어요. 좋은 사람이라는 게 저마다 기준도 다르겠지만요. 나 자신에게 떳떳하고 당당하고 건강한 사람이 되고 싶어요. 그러다가 누군가 나 같은 진국을 알아본다면, 반대로 제가 진흙 속 진주를 발견한다면 금상첨화겠죠.

물론 유유상종의 목적으로만 그러겠다는 건 아니고요. 아시잖아요, 무슨 얘긴지. 자기 수행을 열심히 하던 소가 뒷걸음치다 쥐 잡는? 뭐 그런 상황이 오면 좋고 아님 말고. 쥐를 잡지 못해도 소는 열심히 일할 거예요. 어찌 됐든 짝이 있으면 있는 대로, 없으면 없는 대로 제 인생은 계속되니까…….

저는 앞으로도 이렇게 나를 돌보며, 돌아보며 살아갈 거예요.

❥

"저만 혼자서 너무 오랫동안 떠들었죠?"

추위를 피해 들어온 카페에 그와 마주 앉아 따뜻한 카푸치노를 마셨다. 카페에서 익숙한 캐롤이 흘러나왔다. 〈I am dreaming of a white Christmas〉라는 노래였다. 창밖에는 함박눈이 내리는 중이었는데, 한 편의 캐롤 뮤직비디오를 연상하게 했다. 포근하게 소복소복 눈 쌓이는 소리가 들리는 것만 같았다.

그 와중에 혼자 뭐가 그리 신이 나서 떠들었는지 시간 가는 줄 몰랐다. 무슨 판소리 완창하는 소리꾼이라도 된 것처럼 장시간 떠들어댔는데, 마주 앉은 그는 중간중간 '두둥 탁! 얼~쑤!' 하고 장단을 맞추는 고수처럼 적절한 추임새를 넣으며 나의 이야기에 귀 기울이고 있었다.

"아니요. 저 듣는 거 좋아해요. 도나 씨 솔직해서 좋은데요? 재밌어요."

J의 대타로 나온 소개팅이었다. 솔직히 소개팅은 불편해서 별로 내켜 하지 않는데, J가 사정사정하는 통에 결국 끌려 나왔다. 새로운 사람을 스쳐 보내는 것에 좀 지쳐 있었던 나는 '에라 모르겠다' 심보로 초면에 나의 패를 모두 까 보였다. 내 패를 숨기고 상대와 심리전을 벌일 도박꾼이 되는 건 내 적성에 맞지 않으니까. 적어도 내 의지로 나온 소개팅도 아니니 어서 게임을 끝내자고 '자, 이게 내 패예요. 고 말고 스톱이죠?' 하는 마음이 발동한 것이다.

그럼에도 불구하고 그는 꽤나 참을성을 갖고 진지하게 경청하는 태도를 보였다. 적재적소에 공감하는 리액션을 취하고 매너를 갖춰 자기 생각을 덧붙였다. 의외의 작전 실패로 나는 약간 당황스러웠으나, 이번에는 어쩌면 괜찮은 사람일지도 모른다는, 이 사람을 더 알아가고 싶어질지도 모른다는 생각을 했다. 약 네 시간 정도의 대화 끝에 어느샌가 그 생각은 부푼 기대가 되어 잔잔한 파도처럼 내 안으로 밀려들어왔다.

　"도나 씨, 이번 주말에 시간 돼요? 우리 만나요."

　"그래요. 그럽시다."

　그와 그렇게 주말 약속을 잡고는 헤어졌다. 이 만남이 또 어디로 흘러갈지는 모르겠으나, 연이 닿는다면 곁에 머물 것이고 그렇지 않다면 스쳐 지나가겠지.

　집으로 돌아가는 길에도 눈은 멈추지 않았다. 이번 크리스마스에도 눈이 내릴까? 크리스마스엔 그와 함께 있을까? 아무렴 어때. 눈이 와도 눈이 오지 않아도, 어쨌든 메리크리스마스!

이름 풀이

고아연 : '과연' 이달의 남자는 스쳐 지나갈 것인가, 머무를 것인가.

작 가 의 말

줄곧 시간 위에 적당히 누워 부유하는 듯한 삶을 살아온 것 같았습니다. 열심히 팔다리를 저으며 어딘가로 나아가려 하거나 발버둥 치다 가라앉아버리는 일 없이 조금은 무료하게, 그저 가만히 흘러가게 내버려두었죠.

그런 인생 속에서 스쳐 지나간 사람들도 마찬가지였습니다. 느리든 거세든 잡히지 않는 물살처럼 잠깐 머물렀다가 이내 손가락 사이로 빠져나가버리고 마는, 그렇게 놓쳐버리는 일이 허다했습니다. 그럴 때마다 나는 조금 허탈했고 조금 원망했고 조금 울적해졌습니다. 아무것도 남지 않은 텅빈 방 안을 둘러보며 모든 게 무의미하다 한탄하기도 했어요. 상실로 나약해진 마음은 이토록 부정적인 감정을 끊임없이 불러옵니다. 그런데 정말 그러한가, 그 모든 시간이 낭비고 허사였는가, 정말 아무것도 남지 않았는가 골똘히 생각해 보니 또 그렇지만은 않더라고요.

찰나였든 비교적 긴 시간이었든지 간에 그 경험들은 나를 좀 더 단단하게 만들어주었습니다. 물론 그건 내가 흩어져버릴 뻔한 경험과 감정들을 붙잡아 앉혀두고 끊임없이 질문하고 고심한 결과인지도 모릅니다. 그 과정에서 나는 변화하였고 성장하였고 '새로운 나'를 발견하며 배워나갔습니다. 이 책은 지나간 관계를 곱씹으며 발견한 '나'에 대한 기록을 나만 보기 아까워 쓴 이야기입니다. 너무 가볍지도, 너무 무겁지도 않은 마음으로 나의 밑거름이 되었던 시간을 같이 들여다봐주길 바랐나봅니다. 원래 이런 이야기는 같이 하면 더 재밌잖아요.

나는 원래 내일을 별로 궁금해하지 않는 사람인데, 이 책이 출간될 때쯤의 나의 마음은 어떨지 조금 궁금합니다. 제일 처음 원고를 써내려갈 때와 마지막 퇴고를 했던 시점의 마음가짐도 좀 달랐던 것처럼 말이죠. 그렇게 변하고 달라지는 나를 마주하는 것이 이 책을 쓰면서 조금 재밌어졌습니다. 여기까지 읽어준 그대에게도 당신을 돌아보고 기대하는 일이 나름의 흥미로운 시간이 되길 바라며.

2021년 6월

이도나

1판 1쇄 인쇄 2021년 6월 14일
1판 1쇄 발행 2021년 6월 21일

지은이 이도나

발행인 양원석 **편집장** 정효진
디자인 강소정, 김미선 **일러스트** 나노(NANO)
영업마케팅 양정길, 강효경, 구채원

펴낸 곳 ㈜알에이치코리아
주소 서울시 금천구 가산디지털2로 53, 20층 (가산동, 한라시그마밸리)
편집문의 02-6443-8847 **도서문의** 02-6443-8800
홈페이지 http://rhk.co.kr
등록 2004년 1월 15일 제2-3726호

ISBN 978-89-255-8838-4 (03180)